土地股份合作社内部治理机制研究
——以成都市土地股份合作社为例

肖端 著

重庆大学出版社

图书在版编目(CIP)数据

土地股份合作社内部治理机制研究:以成都市土地
股份合作社为例/肖端著.--重庆:重庆大学出版社,
2020.6
ISBN 978-7-5689-0841-2

Ⅰ.①土… Ⅱ.①肖… Ⅲ.①农业生产合作社—管理
体制—研究—成都 Ⅳ.①F321.42

中国版本图书馆 CIP 数据核字(2017)第 248639 号

土地股份合作社内部治理机制研究
——以成都市土地股份合作社为例

肖 端 著
责任编辑:沈 静 版式设计:沈 静
责任校对:关德强 责任印制:张 策

*

重庆大学出版社出版发行
出版人:饶帮华
社址:重庆市沙坪坝区大学城西路 21 号
邮编:401331
电话:(023) 88617190 88617185(中小学)
传真:(023) 88617186 88617166
网址:http://www.cqup.com.cn
邮箱:fxk@cqup.com.cn(营销中心)
全国新华书店经销
重庆长虹印务有限公司印刷

*

开本:720mm×1020mm 1/16 印张:11.25 字数:198 千
2020 年 6 月第 1 版 2020 年 6 月第 1 次印刷
ISBN 978-7-5689-0841-2 定价:35.00 元

在新形势下,如何在稳定农村集体土地家庭承包制度、有效保护农民土地权益的条件下,充分而有效地利用农村土地资源(特别是耕地资源),促进现代农业发展,提高农业效益,增加农民收入,保证国家粮食安全,是农业发展必须解决的重大问题。成都市对近年创建的土地股份合作社的内部治理进行了大胆试验,取得了一定的突破,获得了初步的成效。本书通过对成都市土地股份合作社运行的调查与分析,探索这一新型农业经济组织的内部治理问题。

基于以上背景,本书立足现有研究成果,应用制度创新理论、合作经济理论、委托代理理论、企业治理理论等分析工具,采用归纳演绎法、统计分析法、数理模型法等研究方法,对成都市土地股份合作社内部治理机制进行更合理、更深入的研究,旨在探索这一新型农业经济组织的内部治理问题。

本书主要研究土地股份合作社内部治理的内容与手段、主体与客体以及由此形成的治理机制,探索其内部治理的规律,为完善其内部治理提供借鉴。

通过对成都市土地股份合作社的研究,本书的主要特色有以下3点:

1.明确提出了土地股份合作社内部治理的4大重点内容和3种主要手段。

研究发现,主体权益关系治理、农业发展治理、生产经营治理、收益分享治理是土地股份合作社内部治理的4大关键领域和重点内容,而规制管控、民主协商、利益诱导是土地股份合作社内部治理的主要手段,解决了4大关键领域和重点内容的治理问题,就清除了土地股份合作社正常运行和健康发展的主要障碍,采用3种治理手段则会使土地股份合作社的内部治理更为有效。

2.论证了土地使用权双重委托——代理是土地股份合作社生产经营治理的有效模式。

研究证明,农户承包地使用权委托给土地股份合作社代理、土地股份合作社土地使用权委托给职业经纪人代理的双重委托——代理模式,实现了农户土地承包权与使用权的分离、土地资源向土地资产的转变、农地分散低效利用向集中高效利用的转变、农地随意利用向依规利用的转变。第三方(职业经纪人)的引入又使土地产出率和劳动生产率显著提高、农业效益增加及竞争力增强,是土地股份合作社生产经营治理的有效模式。

3.揭示了土地股份合作社促进农业发展的内在机理。

研究表明,土地股份合作社通过农户自愿入社,将分散的农地集中连片,为规模化、专业化生产创造了基本条件。通过土地使用权的双重委托——代理,推动了农业生产组织的变革、农业生产经营方式的转型,促进了农业生产的组织化和现代化。通过对职业经纪人的责任约束和利益诱导,促进先进农业技术和生产手段的应用,促进农业效率和效益的提高。正是利用这些机理加强治理,才使土地股份合作社农业发展和转型由可能变为现实。

本书能够顺利出版,首先要感谢的是我亲爱的导师戴思锐教授。恩师仰之弥高、专之弥深的学术造诣,泰而不矜、不争的处事风范,勤耕立读、立己达人的敬业精神,博学笃志、切问近思的治学态度,为我树立了终生的学习典范。回想在师门求学的时光,恩师给予我的远不止学术研究的指导和教诲,更多的是一种人生的启迪和思想的激发,这让我对世界的认知发生了本质改变。师恩浩大,无以回报,唯有不断进步。

感谢西南大学经济管理学院给予我教诲、指导和帮助的王钊教授、温涛教授、王志章教授、杨刚教授、王定祥教授、段豫川教授、邓忠兵教授、罗超平副教授、杨丹副教授、黄庆华副教授、王炬老师、钱璐老师、颜丽娟老师等。

感谢师门给予我关爱、指导和帮助的李容教授、肖亚成教授、张应良教授、周洪文副教授、傅新红教授、向东梅副教授、石声萍副教授、陈蓉副教授、王炯副教授、余世勇副教授、洪天云博士、卢小甫博士、秦红松博士、张学敏博士、耿黎博士、刘利博士、陈余玮博士、韩玉萍博士、陈德博士、李瑞琴博士、曹景武博士、陈艺琼博士等同门。

感谢给予我鼓励、关怀和帮助的姜松博士、张明博士、张鑫博士、刘思亚博士、朱盛艳博士、刘光英博士、刘艳萍博士、肖娟博士、曹露博士、黎朝红博士、王小华博士、江源博士、双琰博士、龙浩博士、黄大勇博士、叶盛博士。

感谢父母给予我的无尽关爱和经济支持及精神鼓励，感谢妻子的鼓励、陪伴和无微不至的关心。

在书稿的写作过程中，还有很多给过我帮助的同事、朋友，限于篇幅未能一一列出，在此一并表示最诚挚的谢意。

肖端
2017 年 7 月于重庆社会科学院

目 录

Mu Lu

第1章 导 论 ……………………………… 1
1.1 问题的提出及研究背景 ……………… 1
1.2 研究的目的和意义 …………………… 4
1.3 研究的范围、思路及主要内容 ……… 5
1.4 研究方法及技术路线 ………………… 7
1.5 研究框架结构 ………………………… 8
1.6 研究创新与不足 ……………………… 9

第2章 理论基础和文献综述 …………… 11
2.1 理论基础 ……………………………… 11
2.2 文献回顾与综述 ……………………… 19

第3章 土地股份合作社内部治理的分析框架 ……… 25
3.1 土地股份合作社内部治理主体、客体及目标…… 25
3.2 土地股份合作社内部治理的动力 ……… 29
3.3 土地股份合作社内部治理的内容 ……… 32
3.4 土地股份合作社内部治理机制 ………… 36
3.5 本章小结 ……………………………… 41

第4章 成都市土地股份合作社的产生与发展 ……… 43
4.1 成都市土地股份合作社产生的背景 ……… 43
4.2 成都市土地股份合作社产生的依据 ……… 46

4.3　成都市土地股份合作社产生条件的创造　…………………… 50

4.4　成都市土地股份合作社的产生　………………………………… 54

4.5　成都市土地股份合作社的发展　………………………………… 59

第5章　成都市土地股份合作社主体权益关系治理机制　…………… 65

5.1　土地股份合作社的主体及权益　………………………………… 65

5.2　土地股份合作社主体间的权益制衡　…………………………… 69

5.3　入社农户对土地股份合作社其他主体权益制衡机制　………… 76

5.4　土地股份合作社组织对其他主体权益的制衡机制　…………… 86

5.5　职业经纪人对土地股份合作社其他主体权益的制衡机制　…… 95

第6章　成都市土地股份合作社的农业发展治理机制　……………… 98

6.1　成都市土地股份合作社的农地积聚　…………………………… 98

6.2　成都市土地股份合作社的农地充分利用　…………………… 102

6.3　成都市土地股份合作社的生产分工与专业化　……………… 105

6.4　成都市土地股份合作社的规模化经营　……………………… 109

6.5　成都市土地股份合作社农业生产方式的转换机制　………… 115

第7章　成都市土地股份合作社的生产经营治理机制　…………… 119

7.1　成都市土地股份合作社土地使用权的双重委托机制　……… 120

7.2　成都市土地股份合作社土地使用权的双重代理机制　……… 123

7.3　成都市农村土地股份合作社双重委托—代理的新型主体的
　　　培育　………………………………………………………… 126

7.4　成都市土地股份合作社双重委托—代理经营博弈均衡　…… 129

7.5　成都市土地股份合作社委托—代理生产经营的激励　……… 134

第8章　成都市土地股份合作社的收益分享治理机制　…………… 142

8.1　土地股份合作社的收益　……………………………………… 142

8.2　土地股份合作社收益的农户分享机制　……………………… 145

8.3　土地股份合作社组织对收益的分享机制　…………………… 149

8.4　土地股份合作社的职业经纪人收益分享机制　……………… 152

　8.5　土地股份合作社收益分享的激励机制 ················· 155

第 9 章　研究的主要结论和有待研究的问题 ················· 159

　9.1　研究结论 ···································· 159

　9.2　创新之处 ···································· 163

　9.3　有待进一步研究的问题 ···················· 164

　9.4　对策建议 ···································· 165

参考文献 ··· 167

第1章 导 论

1.1 问题的提出及研究背景

1.1.1 问题的提出

    农村集体土地的家庭承包经营已成为我国农业发展的一项基本制度。这一制度将农村集体土地的所有权与使用权相分离,所有权归农村集体(村民组或村),使用权以农户为单位赋予农民,按集体成员平均承包经营集体土地(耕地、林地、草地等),分享集体土地的承包权、使用权和收益权。农村土地制度的这一重大改革不仅极大促进了农业发展,保障了农产品的基本供给,为整个国民经济发展和城镇改革提供了坚实的基础,而且为农民提供了基本生活和就业保障,也在农民医疗和养老等方面发挥了重要作用,其贡献之大世所公认。

    随着劳动就业制度、人口迁徙制度、户籍制度、农产品贸易制度改革的逐步推进,随着我国农业土地产出率和劳动生产率的提高以及农产品供求的基本平衡,随着我国工业化和城镇化进程的加快,农业和农村经济发展的大环境发生了深刻的变化。部分农户弃农从事工商业,部分农户离开农村进入城镇落户,使其承包地无人耕种。大量农村青壮年劳动力外出务工,农业劳动力老龄化,使不少农户的承包地无力耕种。与此相对应,一些农村地区出现耕地撂荒和严重的粗放经营,有的耕地数年无人耕种,杂草丛生,有的可一年两熟或三熟的良田沃土改种一季。加之农业比较效益低、农业收入在农户收入中占比下降,不少农户缺乏对农业的投入热情,播种(栽插)后疏于管理,不求高产优质,能收多少是多少。这不仅造成我国宝贵而又稀缺耕地资源的浪费,而且给我国农业和农村经济发展造成了极大的威胁。

面对农业发展的新形势和遇到的新问题,学术界、政府部门、农民都在探索解决之道。"公司加农户"的产业化经营模式,试图解决农户小生产与大市场的连接问题,但因公司与农户利益关系难以协调,推进并不顺利。承包地使用权流转试图解决部分农户不愿或无力种地的问题,但流转租金和交易费用高昂,且零星流转难以提高土地产出率和劳动生产率,整村(或村民组)成片流转又常出现离农离粮倾向,不能有效保护农户的土地权益。农业专业合作经济组织,试图将分散的农户组织起来发展商品生产,但因普适性不强而作用有限。社区(或跨社区)农业合作经济组织、股份制农业经济组织,试图克服土地流转的某些弊端、促进农业发展和农民增收,但因内部治理困难而运转不灵。如何在稳定农村集体土地家庭承包制度、有效保护农民土地权益的条件下,充分而有效地利用农村土地资源(特别是耕地资源),促进现代农业发展,提高农业效益和增加农民收入,保证国家粮食安全,是一个极具挑战性的重大问题。成都市对近年创建的土地股份合作社的内部治理进行了大胆的试验,取得了一定的突破,获得了初步的成效。

本书通过对成都市土地股份合作社运行的调查与分析,探索这一新型农业经济组织的内部治理问题。研究的科学问题是:土地股份合作社内部治理的内容是什么?哪些内容是重点?治理的主体是谁?客体又是谁?内部治理的手段是什么?如何应用这些手段?不同内容的治理机制是什么?这些机制如何发挥作用?通过这些研究,试图解决土地股份合作社内部治理应当治理什么,由谁治理,用什么方法治理,不同内容治理的机制如何构建及作用如何发挥等问题,探索其内部治理的规律,为完善其内部治理提供借鉴。

1.1.2 研究背景

本书的研究是在国家改革发展进入新阶段、农业发展面临新形势的环境下进行的,有着鲜明的现实背景。

第一,国家工业化、城镇化进程加快。按第一、第二、第三产业结构变化和国民收入水平提高,我国正处于工业化和城镇化快速推进的时期。工业化的推进和城镇化的发展,一方面,可以为现代农业发展提供有力的支持并创造更好的条件;另一方面,也会从农业中吸取大量的资源给农业发展带来不小的冲击。在这一时期,如何有效保护和充分合理利用农业资源(特别是有限而又稀缺的土地资源),对农业提供必要的支持与保护,促进工业化、城镇化、农业现代化的协调发展,是必须面对和认真解决的重大经济社会问题。

第二,农业现代化要求紧迫。随着第二、第三产业的快速发展,农业在国民经济中的占比已经降低。但对我们这样一个人口大国和农业大国,农业在国计民生中的重要地位不会减弱。我国的工业化、城镇化得到了快速发展,但农业现代化进程缓慢,以至于农业劳动生产率低,生产成本高,市场竞争力弱。如果不加快传统农业的现代化改造,显著提高农业劳动生产率和土地产出率,提高农产品质量,降低生产成本,我国农业就不可能由大变强,也难以对国计民生提供可靠的支撑。通过土地股份合作社这一新型组织为推进农业现代化提供新的动力,是本研究的重要现实背景。

第三,耕地资源保护与充分合理利用的需要。工业化和城镇化使大量农村劳动力外出务工,部分农民迁入城镇,加之农业比较效益低,导致部分耕地撂荒、粗放经营,造成了耕地资源的闲置与浪费。耕地是农业发展不可替代的基础资源,我国人均耕地少,后备耕地资源不足,保护和充分合理利用耕地是促进农业发展,确保农业安全的需要,构成了本研究的经济社会背景。

第四,农民土地权益保护的强烈要求。在土地流转中,部分地方违背农民意愿强制流转,且流转时间很长,使从事农业的农民丢失了土地使用权而权益受损,导致部分农地的离农离粮,发生了不少土地纠纷。造成这些问题的原因很多,但农村土地制度不完善、农民维权乏力、政府管理缺失是其主因。解决这些问题是农民的强烈要求,也是本研究面对的社会现实问题。

第五,粮食安全的隐忧。近年来,我国粮食生产连年增产,基本满足了需要。但对我们这样的人口大国,粮食生产和供给应主要立足国内,确保粮食安全。由基本国情和经济社会形势所决定,我国粮食安全存在隐忧。一是耕地和水资源不足,靠扩大面积增加粮食生产潜力不大,而靠提高单产增加粮食生产难度极高。二是粮食比较效益低,耕地离农、农民离粮倾向严重,且纠正难度很大。三是农户小规模粮食生产成本高,品质参差不齐,市场竞争力弱,也是本研究必须面对的现实背景。

1.2 研究的目的和意义

1.2.1 研究目的

本书对成都市土地股份合作社内部治理机制的研究,是为分析农村这一新型农业生产经营组织的管理与运行,以促进其充分有效利用农地资源,推进农业发展及加快现代化进程,提高农业效率和效益,增加农民收入,保护相关主体合法权益及协调利益关系,使其有效运行和健康发展。具体研究目的有以下3个:

第一,分析土地股份合作社的权益主体及权益关系,探索其内部治理的主体及参与治理的动力来源,解决由谁治理和治理谁的问题。

第二,界定土地股份合作社内部治理的主要目标和任务,并据此提出其内部治理的具体内容和重点,解决治理什么和治理关键领域的问题。

第三,研究土地股份合作社内部治理的手段选择与应用,探寻适合这一生产经营组织特点的内部治理机制,解决如何治理的问题。

1.2.2 研究的理论意义

本书对成都市土地股份合作社内部治理机制的研究,以相关主体权益关系为依据分析其内部治理的依靠力量及动力来源,以目标任务为依据研究其内部治理的主要内容及重点领域,以手段选择及应用为切入点探寻其内部治理的有效机制。通过对其内部治理应当依靠谁,应当治理什么,应当突出哪些重点,应当采用哪些手段治理,应当形成何种机制使治理更为有效进行分析论证,可以对土地股份合作社这类兼具合作制和股份制特征的经济组织的内部治理基本问题作出理论解释,在企业内部治理的理论研究上增加新的内容,进行新的探索。

1.2.3 研究的实际意义

本书对成都市土地股份合作社内部治理机制的研究,紧紧围绕农业生产经营组织主体权益关系治理、农业发展促进治理、农业生产经营治理、收益分享治理4大主要内容展开,而这4大内容所涉及的正是这一组织正常运行和顺利发展的重大问题。相关主体的权益制衡是合作社成员权益保障及防止少数人控制的关键,促进农业发展是合作社巩固和壮大的基础,农业生产经营的组织创新和方式变革是合作社发展的保证,而收益的合理分享是合作社成员公平获取经济利益的保障。研究这些问题,可以为土地股份合作社的内部治理提供思路、手段选择和规制构建等方面的建议,为其巩固和发展服务。

1.3　研究的范围、思路及主要内容

1.3.1　研究范围的界定

本书所称的"土地"专指农村集体的农业用地,主要是耕地,不包括农村集体建设用地,也不包括农户使用的宅基地。这些土地归农村集体(村民组或村)所有,由农户承包经营,享有承包地的用益物权,并在承包期内受国家法律保护。本书所称的农民土地权益,是指农民作为社区正式成员享有对集体土地的承包权利,对承包地自主生产经营或委托他人经营或抵押及出租的权利,以及获取收益的权利,在政策法规允许范围内,这些权益不容侵犯。

本书所称的"土地股份合作社"是指农户在自愿互利的基础上,以自家承包地(部分或全部)使用权入股组建的农业合作经济组织,不包括政府和其他公共机构利用行政权力和行政手段组建的合作社,也不包括工商企业帮助农民组建的合作社,更不包括非农生产经营的合作社(无论是否由农户自愿互利组建)。

对研究范围作上述界定,是由研究对象、内容和目标所决定的。本书研究的对象是土地股份合作社,这是农户以承包地使用权入股组建的农业生产经营组织,自然涉及土地问题。一方面,农村土地类别多,占有和使用关系复杂,需要对入社土地加以界定;另一方面,农户入社土地涉及多种权益,这些权益是土地股份合作社内部治理的重要依据,也需要进行界定。在经济社会发展的新形势下,农村各种合作制、股份制农业生产经营组织应运而生,有的是农户在自愿互利的基础上自己组建的,有的是地方政府或行政村、村民组利用行政手段组建的,有的是由工商企业牵头或以业主身份组建的,还有的是有名无实的组织。这些组织的发展目的不同,运行方式也不一样。本书对土地股份合作社的内部治理机制进行专门研究。一方面,这类组织是在农户自愿互利基础上组建的,符合合作制的基本原则,代表了农业生产经营合作的正确方向;另一方面,从已组建的这类组织的运行情况看,在土地制度创新、生产经营方式创新、保障农民权益、促进农业发展等方面具有独特优势,使这一研究更有代表性和指导性。

1.3.2　研究思路

本书以合作经济理论为指导,以成都市土地股份合作社为对象,研究这一农业生产经营组织内部治理主体、治理内容、治理手段,探寻促进其正常运行和健康发展的内部治理机制。研究沿着土地股份合作社的产生与发展→土地股份合作社主体权益关系治理机制→土地股份合作社农业发展治理机制→土地股份合作社生产经营治理机制→土地股份合作利益分享治理机制的思路展开,揭示农村合作经济组织运行及发展各主要方面内部治理的机理和规律。

1.3.3　主要研究内容

根据研究目的及范围界定,本书研究的内容主要包括以下 5 个方面:

第一,成都市土地股份合作社的产生和发展研究。主要研究土地股份合作社产生和发展的内在需求和外在条件,总结其发展和运行情况,以及在农村土地制度创新、农业生产组织创新、农业生产经营方式变革、新型农业生产主体培育、促进农业发展、保护农民权益等方面的作用与贡献,为其内部治理研究提供背景。

第二,成都市土地股份合作社主体权益关系治理机制研究。主要研究土地股份合作社的主体及权益、主体间的权益制衡,以及入社农户对其他主体的权益制衡机制、合作社组织对其他主体的权益制衡机制、职业经纪人对其他主体的权益制衡机制。

第三,成都市土地股份合作社农业发展治理机制研究。主要研究土地股份合作社农地的低成本积聚机制、农地充分有效利用机制、农地农用粮地粮用机制、农业规模化和专业化生产机制、生产方式现代转型机制等方面的内容,探讨这一生产经营组织促进农业发展、推进农业现代化的内在机理。

第四,成都市土地股份合作社的生产经营模式研究。主要研究土地股份合作社土地使用权的委托—代理机制,合作社对职业经纪人生产经营的监管机制、职业经纪人对农业生产经营的运作机制、委托—代理经营对相关主体的激励与约束机制等,探寻委托—代理生产经营模式的运行及调控机理。

第五,成都市土地股份合作社的收益分享研究。主要研究土地股份合作社的收益来源及水平,相关主体的利益分享准则及分享方式,相关主体利益分享的监管与协调机制,利益分享对相关主体的激励机制,探讨这一农业生产经营组织实现多主体共赢的途径及机理。

1.4 研究方法及技术路线

1.4.1 研究方法选择

根据研究对象的特点和研究任务的需要,本书选择的研究方法主要有以下3种:

第一种,归纳演绎法。以合作经济和企业管理理论为指导,根据成都市土地股份合作社的产生和发展状况,以及运行过程与态势,归纳其内部治理的目标、内容和主体,演绎其内部治理的手段和机制,进而探寻这一农业生产经营组织顺利运行和健康发展的内在规律。

第二种,统计分析法。根据成都市土地股份合作社及入社农户的调查资料,应用统计分析研究入社农户的分布及特征,土地股份合作社发展的过程及类型,土地股份合作社建立前后农业发展的变化及农户土地权益的变化,对这一农业生产经营组织的作用及功能进行评估。

第三种,数理模型法。应用计量经济模型研究农户加入土地股份合作社的行为选择,研究土地股份合作社的收益决定,分析入社农户土地权益的获取。应用博弈模型研究土地股份合作社主体权益的制衡,分析土地经营权委托—代理中权责利的协调与匹配,研究土地股份合作社相关主体的利益分享与均衡。

1.4.2 资料来源及应用

本书研究所用资料,一部分来源于政府统计部门和农业管理部门的年度统计数据和专项统计数据,一部分来源于研究者对土地股份合作社和入社农户的实地调查。主要包括:

①四川省农业厅经营管理总站:农业合作社发展年报(2011—2014年)。

②四川省成都市统计局:成都市农业统计资料(2008—2014年)。

③四川省成都市农委:成都市农业合作社统计资料(2011—2014年)。

④成都市崇州一加四办公室:221个土地股份合作社调查资料。

⑤成都市金堂县农经站:78个土地股份合作社调查资料。

⑥成都彭州市农经站:51个土地股份合作社调查资料。

⑦研究者抽样调查:51个土地股份合作社入社调查资料。

⑧研究者抽样调查:1 530个入社农户调查资料。

1.4.3　研究技术路线

本书研究的技术路线如图 1-1 所示。

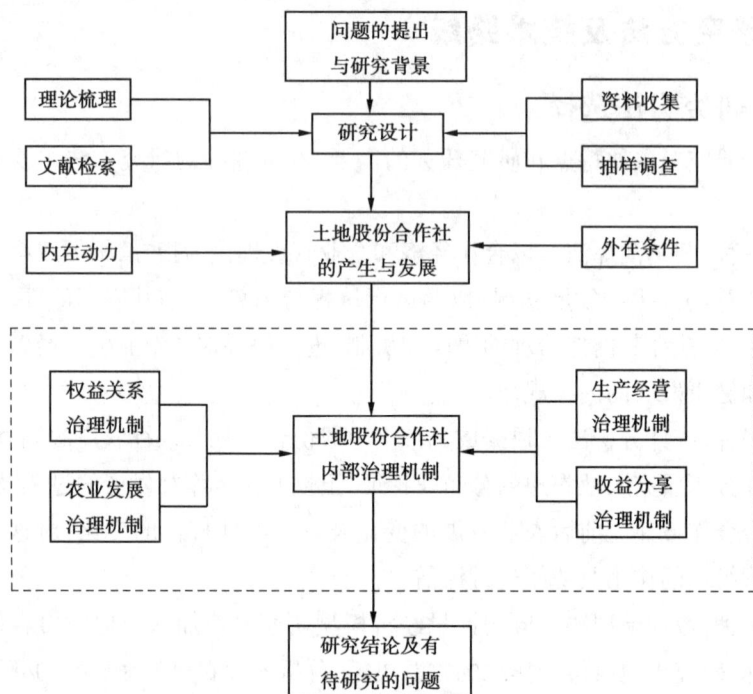

图 1-1　研究技术路线图

1.5　研究框架结构

本书共分为 9 章。第 1 章为导论,提出研究的科学问题,分析研究的背景,论证研究的目的和意义,界定研究范围,提出主要研究内容,选择研究方法,拟订框架结构等。第 2 章为理论基础和文献综述,梳理为本研究提供指导的农业合作经济理论、企业管理理论、委托—代理理论的基本观点,总结国内外相关研究的成果,为本研究提供理论支持和经验借鉴。第 3 章为土地股份合作社内部治理的分析框架,确定土地股份合作社内部治理的主体、客体及目标,分析内部治理的动力及来源,选择内部治理的内容及重点,研究内部治理的手段与机制等,为后续几章的研究提供理论框架。第 4 章为成都市土地股份合作社的产生与发展,分析成都市土地股份合作社产生的背景、依据和条件,介绍产生过程及发展状况等,为研究其内部治理提供基础。第 5 章至第 8 章分别从主体权益关系治理机制、农业发展治理机制、生产经营治理机制、收益分享治理机制 4 个方面,对成都市土地股份合作社的内部治理的关键问题进行专门研究,是本书研究的主体。第 9 章是对研究结论的总结和需要进一步研究问题的说明。

1.6　研究创新与不足

通过对成都市土地股份合作社的研究,本书可能的创新之处主要有 3 点:

①明确提出了土地股份合作社内部治理的 4 大重点内容和 3 种主要手段。

研究发现,主体权益关系治理、农业发展治理、生产经营治理、收益分享治理是土地股份合作社内部治理的 4 大关键领域和重点内容。而规制管控、民主协商、利益诱导是土地股份合作社内部治理的主要手段,解决了 4 大关键领域和重点内容的治理问题,就清除了土地股份合作社正常运行和健康发展的主要障碍。采用 3 种治理手段则会使土地股份合作社的内部治理更为有效。

②论证了土地使用权双重委托—代理是土地股份合作社生产经营治理的有效模式。

研究证明,农户承包地使用权委托给土地股份合作社代理、土地股份合作社土地使用权委托给职业经纪人代理的双重委托—代理模式,实现了农户土地承包权与使用权的分离,土地资源向土地资产的转变,农地分散低效利用向集中高效利用的转变,农地随意利用向依规利用的转变,第三方(职业经纪人)的引入又使土地产出率和劳动生产率显著提高,农业效益增加及竞争力增强,是土地股份合作社生产经营治理的有效模式。

③揭示了土地股份合作社促进农业发展的内在机理。

研究表明,土地股份合作社通过农户自愿入社,将分散的农地集中连片,为规模化、专业化生产创造了基本条件。通过土地使用权的双重委托—代理,推动了农业生产组织的变革,农业生产经营方式的转型,促进了农业生产的组织化和现代化。通过对职业经纪人的责任约束和利益诱导,促进了先进农业技术和生产手段的应用,促进了农业效率和效益的提高。正是利用这些机理加强治理,才使土地股份合作社农业发展和转型由可能变为现实。

本研究可能存在的不足有两点：

①定量分析方法应用不足。本书研究土地股份合作社的内部治理机制，是一个偏重理论探讨的题目，所涉及变量多属不便于量化的性质变量，即便量化处理也带有很强的主观性。加之研究对象尚处于发展初期，历时只有 4 年，还未积累起足以支撑数学模型构建和估计的相关数据资料。故本书研究以理论分析为主，定量分析方法应用较少。

②比较研究不足。对土地股份合作社内部治理机制的研究，如果有对应的参照物作为比较，效果会更好。但目前可作为这一研究参照物的可选对象有限（如专业合作社、家庭农场、产业化经营组织等），且可比性不强并存在一定困难。专业合作社主要是生产同种产品的农户间营销合作，涉及生产领域不直接；家庭农场通过土地流转组建独立经营，不存在合作关系；产业化经营是业主与农户的两个利益主体的合作，不存在对等地位与利益关系。加之专业合作社较为松散，家庭农场产生时间很短，产业化经营组织变动较大，给比较研究造成实际困难，故未在这方面着力。

第2章　理论基础和文献综述

2.1　理论基础

2.1.1　制度创新理论

成都市土地股份合作社内部治理机制与其他制度创新类似,只有在内在动力的推动下才有可能发生与发展,而这种动力来源于创新主体对潜在利益(或好处)的追求。当某种制度创新能给相关主体带来潜在利益时,这些主体就会主动加以推动,促进新制度对旧制度的替代。虽然,科斯、德姆塞茨、巴泽尔、阿尔钦等一大批经济学家对制度创新理论进行了卓有成效的探讨,形成了大量研究成果,但是,在成都市土地股份合作社内部治理机制理论研究方面,尤其是制度、制度变迁(创新)与经济绩效的关系方面的研究,当属道格拉斯·C.诺斯(类似情况下文都采用简称)。因此,理论基础中的制度创新部分采用了诺斯的制度创新为分析的着眼点。

成都市土地股份合作社为什么要进行内部治理呢? 因为"它是为决定人们的相互关系而人为制定的一些制约,它构成了人们在政治、社会或经济生活方面发生交换的激励结构"。所以,成都市土地股份合作社制度创新就是为了规范和制约农业发展中农民阶层与其他阶层之间的关系,创造性地制定和践行了这些制度,即便它有不完善的地方和有待改进的环节,但不影响这种新制度创新的大局。因为是人为设定,必然存在一些不足。恰恰是这种制度创新充分地体现了"制度对经济绩效的影响是无可非议的,不同时期经济绩效的差异受到制度演进方式的根本影响也是无可非议的",2010 年前后的农户收益对比可以发展诺斯这个结论也是无可非议的,单就土地收益而言,入社农户每亩土地分红(等同于盈利)分别提高79.24%,107.81%,110.19%,112.72%,足以证明诺斯的观点。那么,为什么成都农户要进行土地创新呢?"制度在一个社会中的主要作用是通过建立一个人们相互作用的稳定(不一定是有效的)结构来减少不确定性","他们认为在某些边际上改变现存的制度框架会使它的境况更好",但就目前而言,成都市土地股份合作社的这种制度是稳定且有效的,笔者理解的稳定是不断创新、持续推进的过程,不是疾风骤雨式的变迁,即"制度变迁一般是渐进的,而非不连续的",因为"基本的制度结构选择很少有利于生产活动",这促进了人们追求制度创新,成都市农民的选择就是从家庭联产承包责任制结构固化的瓶颈出发,需求制度的创新,即便有一定的风险。不过,疑问产生了,怎样才能推进制度的创新呢?通过个体联合,按股份大小组建有限责任公司还是委托给有关公司代理经营,或者是其他形式呢?成都市最终通过对比放弃了"农户+公司"模式、社区合作社生产及营销合作模式、专业合作社技术与营销合作模式、承包地经营权向工商企业或农业大户流转模式等,而且在一定程度上给"经济学家们在制度交易中获取潜在收益方面的作用上达成共识是多么困难"贴上另一个标签。即在特定条件下,潜在收益容易做到,只是部分经济学家理论与实践结合不够而已,成都市土地股份合作社选择了重复性游戏规则,使成都市农户之间"会经常观察到人与人之间的重复作用、相互了解了大量信息及其团队的人数较少(固定或者稳定,笔者注)"时,"因为没有一个处于支配地位",所以他们就会选择彼此合作,这是博弈论学者最愿意看到的结果,即构成了成都市土地股份合作社最基本的内在结构,农户与农户合作构建了自己的经济组织,这却给了M.奥尔森"人们在合作与协作问题上令人沮丧的前景"一个不小的打击。

于是,经济学家不禁要问,难道成都市土地股份合作社选择在农户之间形成合作经济组织的交易费用是他们能够承受的吗?从合作社的实践看,从货币交易成本看,农户不需要付出任何金钱费用,只是时间成本、机会成本,但这是"日益专业化和劳动分工以从交易中获取收益",无论怎样都有一定的交易费用,"交易费用为正时,资源配置将随产权结构改变",进而可以提炼为成都市土地股份合作社的资源配置与收益会随着这种合作制度创新使他们在农民间合作,且是低成本的(不要当成企业家的时间成本和机会成本,而是相对于他们自己)。这种低成本与收益增量相比是相对微不足道的,并且成都市农户之间没有"一方进行欺诈、偷窃或说谎所获取的收益超过他们所获得的可选择机会的价值",也就没有了交易费用无形的增加,说明土地股份合作社限制了逆向选择和道德风险的危险带来的正交易费用。最大的交易费用反映在未来一些不可预测的、有待进一步完善的制度设计上,"表现为一方对另一方监督的可能及其成本",如经纪人间歇期种植其他作物收益的分红问题,理事会长、监事会长的村干部兼任制度等,但"制度所提供的交易的结构,加上所用的技术决定了交易费用和转化费用",这是主要的交易费用构成。随着合作社的发展,它一定会在相关制度设计上更加完善。"制度必须根据它们的复杂性而变化,它们从那些解决简单交易的制度,扩展到跨时空与无数人的制度",正契合了成都市土地股份合作社选择了农户间的信任,因此,不用担心交易费用的大增或者负担不起,同时也有一个天然的优势,那就是非正式制度的规制。"非正式制度也是现代经济的普遍特征,一些地区几乎从来不通过法律赔偿来解决问题,而是依赖一个精致的非正式制度约束来解决问题",与波斯纳亲缘连接的重要性一致,这种规制也限制了交易费用的增加,"非正式制度约束更能解决协作中的大量交易费用问题""非正式制度约束可能以较低的衡量成本来达成协议的形式,以及通过特定的认可装置或信息网络以获取第三方的交换绩效,从而使第二方和第三方的实施有效",它的强大后盾正式制度"双方谈判力量的变化可能会诱致对用于交易的不同制度框架的有效需求"。这就是成都市土地股份合作社制度设计的一个优势所在,它保证了土地经营权掌握在农户手中,可以通过转让而获取收益,且收益增长比独自经营要高不少,"制度在社会中起根本性作用,它是长期决定经济绩效的基本因素",这也同样为成都市土地股份合作社的制度创新提供了理论支撑和借鉴。

2.1.2 合作经济理论

罗虚代尔公平先锋社(使用名称一字之差的原因在于中国学者翻译的视角不同,我们还是坚持罗虚代尔公平先锋社)一直被学界和政界认为是现代合作社的雏形,它以著名的"合作社原则"为代表,不仅奠定了合作社发展的基本规则和制度发展逻辑,而且阐明了合作经济中的基础理论。"除少数原则在发展的过程中作了修改,这些建社原则奠定了先锋社进一步发展的基础;随着先锋社的成功发展,这些原则亦被誉为'罗虚代尔原则',成为国际合作组织认定的合作社发展的经典原则",起初的目的很简单,和成都市土地股份合作社一样,"创立了名为'罗虚代尔公平先锋社'的工人日用品消费合作组织;先锋社的目的是改善社员对日用品的供给,维护社员物质利益和社会地位",但制度创新是保障,"罗虚代尔公平先锋社从创立伊始就重视内部结构的合理、严密,他们讨论制定了一整套切实可行的合作社原则,并且严格执行这些原则。这些原则主要包括开放成员资格;进行民主管理,实行'一人一票'制;资本享受固定利率;按交易量分配股息",这就是制度创新的魔力,它吸引了众多人参与。"1844—1854年的10年,成员人数从28人增加到900人,1864年增加到4 747人,1874年增加到7 639人,1880年增加到10 613人",同样的道理可以理解,成都市土地股份合作社2011—2014年间由661个增为1 297个,增加了96.22%,入社农户增加了169.00%,入社土地面积增加了168.56%。而利润方面,"1845年的成员人数达到74人,先锋社的资本也从28英镑变成了181英镑。1846年,他们只增加了6名成员,资本增加至252英镑,交易额则达到1 147英镑。到1848年,资本增加至397英镑,交易额达到2 276英镑",成都市土地股份合作社在2011—2014年期间入社农户每亩土地分红(等同于盈利)分别提高79.24%,107.81%,110.19%,112.72%,与罗虚代尔公平先锋社同出一辙,包括工厂的工人们同时成为股东,基于个人持有的资本获得利息;而且,工人们拥有基于"工资分配利润份额作为红利的权利"的权益收益分享。不过,目前的成都市土地股份合作社并没有像罗虚代尔公平先锋社一样重视入社对象的继续教育问题。"1850至1855年,先锋社建立了一个学校,并将图书馆作为学校建设的主要内容和教育中心,现代人称之为'成人教育'。平时人们要劳动,过于疲劳而顾不上学习,于是,星期天就成为人们接受教育的好时光。合作社开始之初建立图书阅览室的资金主要是来源于那些希望订阅、阅读图书的人员的支持。但是,从1853年开始,图书阅览室对所有的成员免费开放,其资金来源于合作社贸易剩余利润的2.5%,这使合作社的教育投入可以随着交易额剩余利润的增长而增长。"这是成都市土地股份合作社需要强化的制度创新设计,也是成都市土地股份合作社借鉴的一个范例。

2.1.3 委托代理理论

委托代理是成都市土地股份合作社内部治理机制中的一大亮点,在西方是比较成熟的一种理论,众多学者都进行了深入研究,本书在此处选择让-雅克·拉丰的《激励理论(第一卷):委托—代理模型》作为基础理论范本。他认为,"当一个委托人向代理人委派任务时,激励问题就产生了,之所以有代理的出现是因为存在劳动分工代理的收益递增,或者委托人没有时间或者能力独自完成任务",成都市土地股份合作社则表现为农民没有能力独立完成劳动分工带来的收益递增,迫使他们只好借助载体实现,使"委托人最大化自己的贝叶斯期望效用,在设计代理人支付制度时,委托人首先行动,迫使双方的关系成为一个不对称信息下的斯特科尔伯格对策,委托人预见了代理人后续的行动策略并在所有可行的契约中选择最优契约",成都市土地股份合作社的入社农户根据土地收益现状,优先或者必须得到 500 元/亩(1 亩≈666.7 平方米,下同)的基本收益分享,然后再分享超产部分的 50%,相对于抛荒和独自经营已经是相当优化的方案,但这并不代表"事前契约必须保证期望信息租金不能为负,而委托人的目标函数是代理人期望信息租金的减函数"的实际发生。所以,他们选择了双重委托代理,农户将土地的使用权委托给合作社,合作社再将代理的农户土地委托给经纪人,其目的是整合粮食生产资源,提高规模效益。"当代理人高效时,就会得到奖励",即超产收益的 50%和政府生产补贴,但同样不能脱离制度的规制,"为了使契约能够执行,必须要有强有力的司法保障",合作社章程首先在政府备案,且得到认可,然后才具有行政效力,因此具备了一定的制度保障。

　　合作社设计了一系列对合作社发展和经纪人经营的监督机制,以保证三方利益不受损,防止经纪人或者合作社的逆向选择,"当高效率的代理人保留效用足够高时,代理人就会发现通过牺牲配置效率、减少租金抽取已经不再可行",成都市土地股份合作社已经提前设定了防止代理人保留足够高的效用可能性,即 5∶5 的超额分享不会使一方过高、一方过低,防止了"代理人的外在机会收益是随机性的、不确定性的"现象发生,"如果努力水平和产出水平之间的映射是完全确定的,那么委托人和法律机关(土地股份合作社,笔者注)可以毫无困难地从观察到的产出推测代理人的努力水平",这就诞生了合作社对努力程度不够或者工作不力者进行表决罢免或者更换的制度设计。"为了激励一个正的努力水平,委托人让风险回避的代理人承担一定的风险",这体现在代理人生产成本的垫付和 500 元/亩基本分红的必然支付,促使经纪人努力经营,"代理人往往不愿意一味地努力,特别是当他卷入与同样工作相联系的多项相关活动"时,更多的激励是可以充分利用粮食作物的间歇期从事经济作物种植,增加额外收益。不过,这种激励仍然约束在农户手中,"委托人预期到将来不可能有完全的谈判控制权,则宁愿事前设计一个机制,掌握完全控制权",这种机制就是入社农户将土地的承包权牢牢地握在手中,通过自由退社的选择拥有完全的谈判控制权,但仍然是"契约双方不确定契约何时终结"

"每个阶段都是相同的,委托人在每个阶段面临着同样的控制",所以合作社的稳定性可以预期。

2.1.4　企业治理理论

在试图探究合作社的治理议题时,作为重要参照系的企业(尤其是现代企业,即公司)的相关治理理论自然成为本书合作社治理机制研究中最为直接的理论来源,因为成都市土地股份合作社的合作经济与股份经济特征显然符合企业治理理论中的交易成本理论(或交易成本经济学)和利益相关者理论。在研究土地股份合作社内部治理机制的问题时发现,虽然成都市土地股份合作社只有企业一部分的特征,但是我们也可以把企业相关治理理论作为重要的参照系,这是构成本书土地股份合作社内部治理机制研究中较为直接的理论来源。随着公司制度的逐步发展和完善,相关的公司治理理论纷至沓来,如委托代理理论、交易成本理论、利益相关者理论等,也使其治理的发展成为一个全球性的事件,结合成都市土地股份合作社的具体情况,本书主要采用了交易成本理论、利益相关者理论。

1)交易成本理论

交易(Transactions)的概念由制度经济学家康芒斯提出,他将这一概念一般化为经济研究的基本分析单位。康芒斯(1931)认为必须将理论分析建立在人与人之间的现实互动关系上,即最小经济单位类似于成都市土地股份合作社3类参与主体间的经济活动交易(A Transation),不仅包括简单的物品或劳务的双边转移,而且包括经济主体间的财产权与自由权的转让与获取。这为成都市土地股份合作社整合入社农户土地使用权,再以合约的形式在保证农地农用、入社农户基本土地权益和分红的基础上交由职业经纪人统一生产提供了理论借鉴。后经由科斯(1937)使用交易费概念以回答企业为什么存在,他认为企业的大小必须考虑市场成本,当企业的生产成本低于使用市场的价格机制成本时,这时企业就诞生了。虽然成都市土地股份合作社不是传统意义上的企业模式,但是也存在股份制企业的部分特征。因此,此类观点也适用于我们对成都市土地股份合作社的研究。另外,科斯(1960)在《社会成本问题》(*The Problem of Social Cost*)中提出,搜寻有意愿交易的对象、执行协商而后议价、着手监督以确保契约被执行、告诉人们企业的交易意愿以及交易物品、签订契约等成本是市场交易的成本。换成通俗易懂的话来说,一切不直接发生于物质生产过程中的成本,均可称为交易成本。交易成本理论直到 1975 年, Williamson 整合了科斯等人的观点, 出版了交易成本理论的相关书籍才开始受到重视。关于交易成本理论的基本假设, Petersen (1995) 总结指出, 交易成本理论对于人们的行为有两个最为重要的基本假设, 即投机主义和有限理性。投机主义是指人们除了会依照自己的意愿行动外, 还会策略性地隐藏某些信息并作出对自己有利的行动, 并时时伴随着投机、欺骗的心态; 有限理性是指人们的能力有限, 因此无法准确地估算或收集正确的信息并确实地表达自己的想法。在投机主义和有限理性的假设下, 交易必然会产生交易成本, 如卖方调查买方的偏好, 买方也要掌握卖方的信用, 在信息的收集、传递和运用中作决策都需要花费成本, 如果因制度设计的问题而让其中的成员倾向于作出投机行为, 则组织需付出的交易成本就会增加。成都市土地股份非常明白这一点, 它为了降低成本, 在内部治理机制上想方设法地进行创新, 制定了一系列执行机制以达到降低交易成本的目的, 因为交易成本的高低会影响到其内部治理机制的选择。在成都市土地股份合作社当中, 这样的交易成本理论可以支撑其内部治理机制的许多方面, 如入社农户、土地股份合作社、职业经纪人 3 大主体的博弈均衡等。此外, Williamson (1979) 将交易成本分为事前分析 (Ex ante) 与事后分析 (Ex post) 两大类的交易成本研究架构, 并提出了交易成本的 3 个主要影响因素: 不确定性 (Uncertainty)、资产专用性 (Asset Specificity) 与交易频率 (Frequency), 为成都市土地股份合作社内部治理机制最大限度消除不确定性、保证资产专用性 (农地农用) 指明了方向, 使交易成本降至低点。这在成都市土地股份合作社内部治理机制中体现在入社农户对土地产出的期望和实际的均衡上。资产专用性指物质资产专用性 (Physical Asset Specificity)、场地专用性 (Site Specificity)、人力资产专用性 (Human Asset Specificity) 和专项资产 (Dedicated Assets) 的专用, 而不是挪为他用, 如成都市土地股份合作社提留只能用于合作社治理和长远发展。交易频率则是指要区分交易是属于一次性的还是重复的, 因为固定频率以及不定期交易之间所形成的交易成本都是不一样的。这在土地股份合作社以合约形式雇佣职业经纪人生产经营入社农户的土地的内部治理机制方面得到体现。资产专用性对交易的影响在 3 大影响因素中产生的效果最大。成都市土地股份合作社并不是传统意义或者说完全的股份制企业, 因为土地股份合作社成立的初衷是为了解决耕地撂荒、粗放经营等问题, 并且提高农民的土地收入而存在的, 并不是为了把入社农户套牢在土地股份合作社之上, 所以才有自由入社和退社的制度设计。正如

Williamson（1991）认为的一样,专用性越高,沉没成本就越高,它不能离开特定的交易关系,否则不具有任何价值。这就是为什么成都市土地股份合作社主体在执行机制上保持资产专用性,一是为了防止农地非农用,二是为了提高相关主体的机会成本,特别是职业经纪人的违约成本,一旦违约便使之被套牢（Hold Up）。为了有别于传统的制度经济学,Williamson（1975）首次将以交易成本理论为基轴的经济学命名为"新制度经济学"（New Institutional Economics）,以区别于以 Veblen,Commons 和 Mitchell 等为代表的"旧制度经济学"。因此,资产专用性越大,相关组织越倾向于将此交易内部化以避免因市场交易而产生被套牢的情况。进入 21 世纪以来,交易成本理论已经是经济决策领域最为重要的理论之一,其将交易成本视为经济决策的基本逻辑,通过达至最小生产与交易成本。

2）利益相关者理论

斯坦福研究所（Stanford Research Institute）1963 年的一份内部备忘录提出了"利益相关者"（Stakeholder）一词旨在质疑以往单纯强调"股东"（Stockholder）的做法而进行的文字创意（Freeman, 1999）。因此,"Stockholder"与"Stakeholder"在发音与拼字上虽极为相似,但两者意义却有所差异,股东作为拥有公司股权的个人或组织,只是利益相关者的其中一种。

1984 年,Freeman 的《战略管理:利益相关者方法》（*Strategic Management: A Stakeholder Approach*）一书出版,将"利益相关者"的概念与理论正式带入了公司治理领域,使其广泛运用于管理文献,利益相关者理论才开始受到重视。Freeman 对"利益相关者"的界定相当广泛,即"在一个组织中会影响组织目标或被组织影响的团体或个人"。深究此定义可以看出,Freeman 认为所有具正当性的利益相关者都有其内在的价值,企业与利益相关者的决策均相互影响,而多样化的利益相关者将塑造公司经营的多元化目标。这样的理论观点为成都市土地股份合作社 3 类主体之间的收益分享博弈均衡提供了理论借鉴。目前,此定义已被广泛接受,因为其在利益相关者理论方面具有标杆性的地位。

自 20 世纪 80 年代开始,以 Freeman 为代表人物,利益相关者理论取得了长足发展,成都市土地股份合作社遵循了他的理论指导,让相关内部治理的 3 类主体成为利益关联者,在机制上设定"一损俱损,一荣俱荣"的局面,正如经济合作与发展组织（OECD）的《企业治理准则》中所说,公司治理涉及整个公司经营管理层、董事会、股东以及其他利益相关者之间的关系,旨在提供一个治理框架,而有助于公司发展目标和目标实现手段的确定,并对执行过程进行监控。这也是成都市土地股份合作社内部治理机制的理论体现,是其具有部分股份制企业的重要特征。

2.2　文献回顾与综述

2.2.1　制度创新理论的文献回顾

　　熊彼特认定,无论是产品、技术、组织和市场都可以创新,只要能够使一个经济体的要素优化,产生更高的经济效益都能够创新。而成都市土地股份合作社制度创新就是他说的组织结构的创新,这与施蒂格勒的观点类似;科斯从社会交易成本的视角论证了制度创新带来的经济效益;奥尔斯顿、利贝卡普和缪勒从规范土地产权制度的角度研究了制度创新给社会带来的好处;布莱恩·阿瑟反向论证了制度的"路径锁定"导致的福利损失,进而强调制度创新的重要性;霍夫曼从税收制度的视角阐述了阻碍制度创新的要素,并提出应该怎样改变。

　　罗必良(2014)认为,单纯地推进土地流转集中来改善农业规模经营,存在重大的政策缺陷,他强调将家庭经营卷入分工活动,农业的规模经营将从土地规模经济转向服务规模经济来实现农业发展的制度创新;解安(2010)赞同南平机制的制度设计是一种有效解决"三农"问题的政府规制;温铁军(2014)强调用"看不见的手"来促进土地规模化制度设计;陈会广(2009)从农户以土地使用权入股,从制度设计上实现转包、出租、互换、转让来节约交易费用,从根本上解决了家庭承包制下土地产权不清问题的制度创新;陈锡文(2014)从经济组织的产权制度等10个方面论证了土地制度创新的必要性;刘茂松(2014)、刘淑俊(2014)等认为农民合作社的新型农业制度,是我国农村经济体制在继承家庭联产承包制基础上又一次重要的改革;韩俊(2014)则强调了土地产权制度创新应该是法律制度先行,以此保障农民权益;等等。这些文献并没有关注或者预测到类似成都市土地股份合作社的发展制度创新可能性,不得不说这是一个遗憾。

2.2.2　合作经济理论文献回顾

　　Cook(1995),Fulton(1995),Barton(2004)等学者都对合作社进行了研究,Philips(1953),Helmherger&Hoos(1962),Sexton(1986)认为,合作社就是使农业

生产要素实现最大化的一种企业；Clegg.J（1996）以利益组织为视角专门研究了农村股份合作社；Yair Levi（1998）将农村股份合作制度与其他合作组织比较研究，以解决组织发展的合作问题；如 Jerker Nilsson（1997）对相关股份制的制度特征研究，提出股份制合作社发展的合作经济。

冀县卿（2014）认为，与中央政府抑制农地调整的努力一致，中国农地大调整和小调整的频率均呈现出由逐渐上升到显著上升再到迅速下降的变动特性。中央严格限制农地调整的政策显著地抑制了农地的频繁调整，特别是抑制了农地的大调整。许晓春、孟枫平（2014）认为，合作社成立时的初始资产规模越大，合作社制度建设越完备，实行一人一票为主且重视社员大会的民主治理机制，通过外部扶持提供政策优惠和资金扶助，有利于合作社的发展。而合作社负责人兼任经理社长、主管部门对合作社进行经常性检查监督，对合作社发展存在显著的不利影响。钟晓宏（2013）认为，土地股份合作社是一种新型的合作经济组织，发展的成败关键在于是否有一个好的带头人，合作经济的发展优势在于获得广大村民的支持且必须有赖于社会管理制度的改革创新。刘法威（2012）认为，合作经济须有准备阶段、方案编制阶段、方案实施阶段，参与主体与参与内容均有所侧重，要实现主体间的相互制约，必须健全它的内、外部权力制衡机制，包括合作意识和参与能力，着力培养农民企业家，发挥农村"能人作用"，为民服务的组织机构，董事会、理事会、监事会的设置，合作经济组织中的职能定位，促进合作经济发展的优惠政策，保障公众参与的经济基础，等等。张兰君等（2013）认为，合作经济增强了区域农业的竞争力，它是土地股份合作的主要动因，是保障农民土地承包权长期收益的最佳选择，推进城镇化、工业化和城乡一体化的需要。同时，要构建稳定的农民股权收益增长机制、完善内部治理结构等措施推进各类股份合作模式健康发展。高雅（2010）认为，土地股份合作经济是农民参与土地增值收益分配的途径之一，但要防止信息不对称产生委托代理问题，防止农民的利益受到侵害。袁青峰（2010）则认为，股份合作社经济不全是利好，只要注意制度设计、产权分明就鼓励其发展，等等。实际上，合作经济理论文献已经考虑得比较细致，研究得较多，同时也比较多元化，为成都市土地股份合作社的发展提供了一定的理论借鉴。不过，针对双重委托代理式的合作社经济的发展研究力度还是有所欠缺，这是我们研究的重点。

2.2.3 委托—代理理论文献回顾

委托代理理论最早起源于亚当·斯密（1766）的《国富论》，他认为"公司高管最大化地使用别人而不是自己的钱财那么谨慎,或多或少地疏忽大意和奢侈浪费的事总是会流行。"现代经典的委托代理理论起源于 Berle&Means(1932)主张所有权和经营权分离,企业所有者保留剩余索取权,而将经营权利让渡。Ross(1973)等探讨的是单一委托人、单一代理人、单一代理事务的双边委托代理问题。到 19 世纪 60 年代末 70 年代初,经济学家们开始深入"黑箱"内部,研究企业内的信息不对称和激励的问题,委托代理理论才真正发展起来,Wilson(1963)、Ross(1973)、Mirrless(1974)、Holmstrom(1979)、Grossman&Hart(1983)等对此进行了拓展研究;Jensen&Mecking(1976)认为,委托—代理关系是一种契约,根据契约,行为主体雇用另一行为主体,并根据其提供服务的数量和质量支付相应的收益,同时简化了委托代理关系,认为只要一个人依赖另一个人的行动,那么委托代理关系便产生了。Holmstrom&Milgrom(1991)将共同代理框架运用于信息揭露问题上在双边委托代理理论的基础上提出了多任务代理理论,以模型为基础对委托代理理论进行了逻辑分析发现:

①委托人无法观察或控制代理人的努力可能造成经济效益损失,经济活动表现为次优。

②最优契约由效率和对代理人的激励两个相互冲突的目标之间的权衡来决定,而且代理人必须承受部分风险,强调委托人的契约设计不仅要根据每个代理人行为结果,而且要考虑其他代理人的行为结果,这就要求委托人对代理人的行为进行监督、激励或惩罚,以保证代理人与委托人的目标相一致。Dixit(1997)等人对多任务代理理论进行了深化研究和运用研究,并证明了 Holmstrom&Milgrom(1991)的有关结论。Jensen&Meckling(1976)提出了代理成本概念,就是指委托—代理机制中的成本问题,同时,将委托代理问题区分为道德风险和逆向选择。学者们普遍认为,代理人市场会对代理人行为产生约束作用,其违约成本决定代理人的行为,并提出解决委托代理问题的方法是让代理人之间相互竞争。

曾艳(2015)等认为,在委托人利益目标一致的前提下,委托—代理双方利益达到次优均衡。而当委托人利益目标发生背离时,共同代理人的行为出现偏差,农地整理项目的效率降低。李志方等(2015)认为,核心成员在标准化推广监督任务上的努力水平受其风险偏好、风险规避程度、标准化推广监督任务风险程度与绩效系数、地方政府的激励系数等因素的影响。郑华伟、刘友兆(2014)认为,农村土地整治具有公共物品属性,农村土地整治项目具有双层多级委托代理关系,委托代理关系中存在道德风险、逆向选择等代理人问题。完善激励约束机制,成立农村土地整治项目业主委员会,有效优化农村土地整治项目委托代理关系,加强契约激励约束、监理人激励约束和市场激励约束,有效激励代理人努力水平,促进农村土地整治项目绩效水平不断提高。王颜齐、郭翔宇(2012)认为,农地流转的集中化和农地经营的规模化趋势逐步明显,大规模土地持有者以各种合约形式雇佣农村无地劳动者,农业雇佣生产在各地陆续展开。苑鹏等(2009)认为,合作社在与公司合作的过程中,在最为核心的地租水平上,合作社的话语权还不够,处于谈判的不利地位,容易使农民的利益受损。高雅(2010)提出了建立"职业村长"市场的提议,以弱化委托代理问题。崔宝玉(2010)分析了大农与小农之间的资本合作特征,阐明了大农与小农在合作社治理过程中的角色定位,探讨了合作社可能出现的"本锁定"现象,指出了在合作社中极易产生大农小农之间的委托代理问题。

2.2.4　合作社内部治理机制相关文献回顾

国内对于土地股份合作社的内部治理机制研究并不多,本书主要借鉴了专业合作社内部治理的相关文献研究。总体而言,我国对于合作社的理论研究是一种典型的实践驱动型研究范式,这些研究启示对本书所研究的土地股份合作社内部治理机制提供了很好的借鉴作用。徐亦平(2004)论证的浙江省台州市农民专业合作社的内部治理结构充分显示了以股权为基础向生产者为主体演变。孙亚范(2003)则以合作社组织文化为切入视角,把凝聚合作社成员的任务放在首位,实现利益共享。林坚和马彦丽(2005)则基于交易成本与组织成本视角具体讨论了合作社组织与投资者之间的制度边界。赵德余和温思美(2005)则从农业产业化组织的角度讨论到合作社组织的治理机制及其效率。此外,薛兴利等(2000)、胥爱贵和韩卫兵(2001)、冯开文(2003)、孙亚范(2003)、孔祥智和郭艳芽(2006)就全国、山东、江苏等范围的农民专业合作社的发展现状进行调查研究,主要论证了其运作机制、制度绩效等。而张晓山等(2001)、郭红东和黄祖辉(2001)、战明华等(2004)分别在进行有关农民专业合作社案例剖析时涉及内部治理结构问题。

对于成都市土地股份合作社的内部治理机制议题,如果用一个词来表述其初衷,那无疑是"民主控制",且有别于其他类型经济组织的一大特色就是其在组织控制上的广泛的民主性。应瑞瑶(2004)指出,对于职业经理人的监督和激励应该成为合作社需要关注的重要问题,因为合作社中委托代理关系相比企业更加复杂。黄胜忠(2008)认为,作为合作社所有权结构重要组成的剩余索取权,其不仅不可转让,也难以分离,由此必将在合作社内部形成诸多的代理问题,而这一点在我国合作社内部明显分层(普通成员与核心成员分立)的情况显得尤为突出。马彦丽和孟彩英(2008)总结认为,合作社内部存在的是"双重"委托代理关系。第一重是一般意义上的作为所有者的成员与管理经营者之间的委托代理关系。第二重则是中小成员与骨干成员之间的委托代理关系,而且这第二重委托代理关系在实践中逐渐上升为代理成本的主要来源并日渐消磨合作社的民主控制基础。但成都市土地股份合作社的内部治理机制目前对代理成本的控制是成功的,并没有消磨这种广泛的民主性。徐旭初(2008)指出,我国的农业生产合作社不同于欧美国家先合作化(横向一体化),后产业化(纵向一体化)的一般路径,我国一般是先产业化(纵向一体化),后合作化(横向一体化)。这造就了我国农业生产合作社具有治理结构上"公司主导"化,体现了农民对合作社发展的高要求,表现为"订单农业"(李炳坤,2000)。不过,张晓山(2004)指出,公司牵头兴办的农民专金合作社虽说出发点是很好的,但公司与农户在本质上仍然是非常不平等的主体关系,而在利益分配上,农户更是无法与强势的公司抗衡。张晓山(2009)还认为,传统意义上"公司+农户"的经营形式将逐步内部化于合作社,或是公司越来越多地利用合作社作为中介来与农民进行交易,农户是否对合作社有控制权将成为合作社未来走向健康与否的试金石,但成都市土地股份合作社做到了农户对合作社的控制。而且在经济、技术、文化等能力方面,甚至风险偏好都反差极大的成员状况背景下,邵科和徐旭初(2008)已经表现出了成都市土地股份合作社相对成功的一面。黄胜忠和徐旭初(2008)、孔祥智和蒋忱忱(2010)则认为,成员异质化是成员人力资本增长差异化的必然结果,合作社才会偏好于有利于人力资本要素发挥的治理结构。如成都市土地股份合作社坚持农地农用且在用工方面依赖入社农户的做法,就是这种内部治理机制的优势之一。

2.2.5　文献评述

关于土地股份合作社内部治理机制理论中的合作社理论、制度创新理论、委托—代理理论和企业治理理论已经研究得比较成熟,并且发展了很多分支学科、边缘学科和交叉学科,将农业经济理论与社会学理论、管理学理论、企业经济理论等相结合,实现了大交叉、大融合的局面。目前,有一种在农业土地股份合作社本领域多集中于某些环节的单项研究,从成都市土地股份合作社发展的制度创新全框架研究得比较少,难以进一步拓展土地股份合作社相关3大理论基石,深入研究明显不够。中国的相关研究学者对成都市土地股份合作社运行的一些特殊性、新生性很少适时跟进研究（郭晓鸣专门研究过崇州市的土地股份合作社，其他学者的相关研究太少），即便涉及一些研究，也过于狭窄，没有考虑它的新生性，即以2010年创社为出发点，从它体制内的寄生性，突破体制的创新性出发进行理论提升研究。因为它不同于欧美发达国家的完全市场性，也不同于其他发展中国家的自发性，成都市土地股份合作社内部治理机制，已经形成了鲜明特征，有待学者们突破传统框架对其进行深入研究，进行拓展研究。这是本书坚持的观点，也是斗胆向学界提出的建议，即立足成都、立足传统、立足基本理论研究成都市土地股份合作内部治理机制。

第3章 土地股份合作社内部治理的分析框架

土地股份合作社是社区(或相邻社区)农户在自愿互利的基础上,通过承包地使用权入股建立起来的农业生产经营组织。这一组织既具有股份制企业的某些特征,又具有合作制企业的某些特点,但不同于纯粹的股份制或合作制企业。对于这样一个属性特殊而又有多家农户参与的经济组织,其内部治理不仅较为复杂,还决定其成败。这一经济组织的内部治理涉及主体、目标、动力、内容、手段等多个方面,依其内在的逻辑关联,可以构建一个分析框架,以便对其进行深入研究。

3.1 土地股份合作社内部治理主体、客体及目标

土地股份合作社的内部治理,首先要解决由谁治理、治理对象是谁、为什么治理的问题。解决这3个问题,实质上是明确治理的主体、治理的客体、治理的目标。只有这3个问题明确了,才能调动治理的动力、确定治理的内容、选择有效的治理方法、确立合理的治理目标,使治理达到理想的效果。

3.1.1 土地股份合作社内部治理主体的确认

土地股份合作社是农村一个或多个村民组的全部或部分农户组建的农业生产经营组织,其主体包括入社农户、所成立的股份合作组织、所招聘的职业经理人3类。由这一组织的股份合作性质所决定,其内部治理只能依靠构成主体完成,既难以借助外部力量,也不便假手于他人。在构成土地股份合作社的3类主体中,入社农户和组建的股份合作组织是主要的主体,也是内部治理

的核心力量。

入社农户是同一村民组或相邻村民组加入土地股份合作社的农民家庭组成的群体,这一群体多则上百农户、少则数十农户,且组成农户的家庭人口数量及构成、劳动力状况及就业、收入水平及来源结构、入社土地数量及质量等各不相同。但入社农户又都是为了使承包地得到更好利用,从承包地得到更高收益而自愿组合在一起,有其共同的利益诉求。共同利益诉求促使入社农户这一群体集体参与合作社的内部治理,自身权益维护又促使每个入社农户参与合作社的内部治理,加之土地股份合作社是入社农户自己组建的农业生产经营组织,内部治理只能依靠自身力量。在主客观因素的共同作用下,入社农户便顺理成章地成为土地股份合作社内部治理的主体,并且是核心的主体,无可替代。

土地股份合作社是农户在自愿互利的基础上组建的农业生产经营组织,这一经济组织既具有合作经济组织的特征,也具有股份制企业的主要特点。入社农户既是合作社的社员,又是合作社的股东,合作社是其意愿和利益的代表。这一代表性不仅表现在对每个入社农户合法权益的维护上,而且表现在促进合作社自身发展壮大及全体入社农户的利益增长上。这一代表性同时也对合作社赋予了责任。为了履行这种责任,这一经济组织必须搞好内部治理,促进其顺利发展,满足入社农户的合理诉求,内部治理的责任不可推卸。同时,土地股份合作社是入社农户自愿自主建立的生产经营组织,入社农户依一定规章赋予了这一组织的管理决策权,因而也有权对合作社进行内部治理。

土地股份合作社招聘的农业生产经营职业经理人,虽然不是社员又非管理者,但因与生产经营活动开展及收益分享关系密切,也成为内部治理的参与者。一方面,职业经理人直接负责合作社土地的利用与农业生产经营,从生产经营收益中兑现入社农户的土地分红,承担合作社生产发展和社员收入增加的责任。另一方面,职业经理人要从生产经营中获取利润,生产经营决策和收益分配办法对其利益有很大影响,是利益的相关方。因此,参与土地股份合作社的内部治理,既是职业经理人的主观要求,也是合作社生产发展、社员收入增加的客观需要。

3.1.2　土地股份合作社内部治理客体的确认

土地股份合作社是农村社区农户组建的集体经济组织,这类组织要良好地运行,离不开相关主体的集体意志和集体行动。对于这一组织的 3 类主体(入社农户、股份合作组织、职业经理人)而言,要使之形成集体意志和采取集体行动,需要对其诉求进行诱导,对其行为进行规范。这种诱导和规范是土地股份合作社内部治理的重要内容,由此也使这3类主体成为内部治理的客体(或对象)。当相关主体的诉求达到合理、行为实现理性,土地股份合作社的内部治理便卓有成效。

一个土地股份合作社的入社农户少则数十户,多则上百户。每个农户的家庭情况不同,诉求也存在差异,但通过入社谋求更多权益(特别是经济利益)却是相同的。不同农户在谋求自身权益时,与其他主体的诉求既存在协同性(一致性)又存在竞争性(差异性),在农户与农户之间、农户与合作社组织之间、农户与职业经理人之间都会出现这种情况。当入社农户与其他主体的诉求存在差异时,他们的意愿便很难统一,行动也很难一致,进而导致土地股份合作社生产经营决策效率低下甚至无效率,生产经营活动难以有效开展,收益分配也难以正常进行。鉴于此,对入社农户的诉求进行引导,对入社农户的行为进行规范,便成为合作社内部治理的重要任务,入社农户也因此成为合作社内部治理的客体(或对象)。

土地股份合作社由入社农户自愿自主建立。一经建立,它便会产生相应的组织管理机构和人员,并承担合作社发展、维护和增进入社农户权益的重任。在推进合作社生产经营及收益分享等方面的管理决策中,管理机构和人员也是利益主体,与其他主体(主要是入社农户)在诉求上同样存在既有一致性又有差异性的情况,特别是管理人员也是入社农户的情况下更是如此。当管理机构和人员的管理决策行为与其他主体的诉求相背时,各主体的意愿便不可能统一,行动也不可能一致,从而导致合作社生产经营决策无效率,生产经营活动难以正常进行,收益分配出现混乱。因此,规范管理机构和人员的行为,避免其机会主义倾向及违规操控,防止其非理性选择及自利图谋,亦成为合作社内部治理的重要内容,合作社这一组织自然也成为内部治理的客体(或对象)。

职业经理人是土地股份合作社招聘的生产经营者,从事农业生产经营的目的是获取盈利,在生产经营抉择上更倾向于选择高产出的项目,在生产经营活动中更注重追求高产出和低成本,在利益分配上更希望占有较高的份额。职业经理人的这些诉求与入社农户的权益需求、合作社的土地使用要求等不相一致,甚至可能发生矛盾和冲突,从而造成生产经营不正常、主体相互争利的不利局面。在这种情况下,规范职业经理人的行为,将其引入与其他主体互利共赢的轨道,就成为合作社内部治理的重要任务,职业经理人也成为内部治理的客体(或对象)。

3.1.3　土地股份合作社内部治理的目标

　　土地股份合作社作为农村集体土地制度的创新,应当对农地家庭承包经营制进行改革和进一步完善,使农民的土地权益得到可靠维护,使农地资源得到充分、有效的利用。土地股份合作社作为农户自己组建的新型生产经营组织,应当得到顺利发展,促进土地产出率和劳动生产率的提高,增加农业的效益和农户的收入,推进传统农业向现代农业转型。土地股份合作社的内部治理,就是要促成这些目标的实现,土地股份合作社的发展目标具有多元性,因而其内部治理目标也具有多元性。土地股份合作社内部治理的直接目标是充分、合理、有效地利用土地。随着国家工业化和城镇化进程的加快,以及劳动力市场的放开,大量农村劳动力(特别是青壮年劳动力)离开农村外出务工,部分农户由农村迁入城镇就业与生活,加之农业比较效益较低,造成部分农户无力耕种承包地或不愿耕种承包地的情况,导致部分承包地撂荒及粗放经营的后果,使本来就十分稀缺的农地(特别是耕地)浪费或废弃。在这一背景下,一些农村的农户才组织起来建立土地股份合作社,以期利用新型组织的力量,解决部分农户无力耕种或不愿耕种承包地的问题,使宝贵的农地资源能够得到充分、合理、有效的利用。农户承包地的股份合作利用不仅牵涉到农户土地权益,而且涉及土地的生产经营活动,以及合作社相关主体的权益关系。只有通过内部治理,确保农户土地权益,坚持农地农用和粮地粮用,协调各方利益,才能使农户承包地得到充分、合理、有效的利用。

　　土地股份合作社内部治理的根本目标是促进农业发展和现代化。随着经济社会的发展,农业就业和收入在农户就业和收入中的占比降低,加之传统农业效率低、效益差,部分农户减少甚至放弃农业生产,特别是减少或放弃效益低的粮食生产,以至于在部分农村地区出现了较为严重的离农离粮倾向。同时,依靠小农户利用简单工具和经验的传统农业,生产效率低、成本高、效益差、市场竞争力弱。在这一背景下建立的土地股份合作社,就是要采用新的组织形式和生产方式,促进农业发展和推动其现代化转型。而新型组织形式的运行,先进生产方式的采用,现代科技的应用,装备水平的提高,都涉及土地股份合作社相关主体的协调行动和协同推进。只有通过内部治理,才能使其有效率地运行进而实现促进农业发展、加快农业现代化进程的目标。

　　土地股份合作社内部治理的关键目标是协调和维护相关主体合法权益。无论是入社农户、股份合作经济组织或是职业经理人,都有特定的权益诉求。入社农户主要追求农地的管理权和收益权,股份合作组织主要追求管理决策权和发展权,而职业经理人则主要追求收益分配权。显然,3 类主体的权益诉求既有一致的方面也有互竞的方面。如果权益诉求具有一致性就可能产生共赢效果,如果权益诉求具有竞争性则可能发生权益矛盾与冲突。在权益诉求出现互竞的条件下,相关主体很难形成统一意志,更难采取集体行动,使土地股份合作社正常运行受阻。鉴于此,只有通过内部治理,确保每个主体的合法权益使之不受损害,协调相关主体权益关系使权益分享趋于合理,才能使土地股份合作社顺利运行并发展壮大。

3.2 土地股份合作社内部治理的动力

土地股份合作社的 3 类主体参与其内部治理,从而为其治理提供内在动力。作为一系列的复杂活动,内部治理参与者的动力来源于对潜在利益的追求。当内部治理能够为参与者带来潜在利益或好处时,相关主体就会积极参与其中。加强内部治理无疑可以促进土地股份合作社的发展壮大,从而使入社农户增加收益、合作社组织获得社会效益、职业经理人获得生产经营利润,同时也有利于实现国家农业发展目标。一举多得的效果可以提高这几类主体参与内部治理的热情。

3.2.1 农地保护和利用潜在利益的吸引

农地既是宝贵的生产资源,也是重要的生财资产,农地数量和质量代表农业资源的多寡和土地资产的大小。农地资源只有在科学合理利用中才能得到有效保护和质量改善,否则就会失去生产功能及资产价值。农地资源也只有在充分、有效的利用中才能发挥经济功能、社会功能和生态功能,否则这些功能就无从谈起。土地股份合作社的内部治理有利于农地保护与利用,对于入社农户、合作社组织、职业经理人都有潜在的利益和好处,因此吸引他们参与内部治理。

以耕地为例,假设某农村社区有耕地 S 亩,复种指数可达到 K,农户自己生产经营时每亩播种面积年平均收益为 W,则该社区耕地生产经营年收益 Q 应为:

$$Q = S \cdot K \cdot W \tag{3.1}$$

若该社区未建立土地股份合作社,出现 ΔS 亩撂荒,复种指数下降 ΔK,粗放经营导致每亩播种面积年收益下降 ΔW,则该社区耕地生产经营年收益降为 Q_1:

$$Q_1 = (S - \Delta S)(K - \Delta K)(W - \Delta W) \tag{3.2}$$

若该社区建立了土地股份合作社,耕地得到全部利用,复种指数恢复到 K,先进技术应用和精细生产经营又使每亩播种面积年收益比农户自己生产经营增加 ΔW^*,则该社区耕地生产经营年收益 Q_2 增加到:

$$Q_2 = SK(W + \Delta W^*) \tag{3.3}$$

与农户自己生产经营且耕地不撂荒不粗放经营相比,土地股份合作社生产经营可增加的收益 ΔQ^* 为:

$$\Delta Q^* = Q_2 - Q_1 = SK\Delta W^* \tag{3.4}$$

与农户自己生产经营且耕地有撂荒、有粗放经营的情况相比,土地股份合作社生产经营可增加收益 ΔQ 为:

$$\Delta Q = Q_2 - Q_1 = SK\Delta W + (W - \Delta W)(S\Delta K + K\Delta S + \Delta S\Delta K) \tag{3.5}$$

在农村劳动力大量向非农产业转移,部分农户进入城镇落户的背景下,部分农户无力经营承包地,部分农户不愿经营承包地,农地撂荒和粗放经营较为严重。建立土地股份合作社,不仅可以有效保护和充分利用农地资源,而且可能提高农地收益。农地收益的增加,又会给入社农户、合作社组织、职业经理人带来实在的利益和好处。但土地股份合作社的建立只是为农地保护与利用、农地收益增加提供了可能,要将这种可能变为现实,必须依赖这一合作经济组织的有效运行。而内部治理的水平决定土地股份合作社运行的效率,正是农地保护和利用潜在利益的吸引,才使 3 类主体产生参与内部治理的动力。这种动力一旦产生,就会有力推进土地股份合作社的发展,使农地保护和利用的潜在利益变为现实。

3.2.2 农地使用权资产化潜在利益的吸引

农村集体土地家庭承包经营制度,赋予了农户农地的使用权,农户或通过对农地的经营获取收益,或将承包地的使用权转让给他人收取一定的租金。由于不少农户家庭劳动力非农转移和部分农户进入城镇就业和生活,这些农户无力或不愿对承包地进行生产经营,因此失去了自己利用农地生产经营获取收益的可能性。如能将承包地使用权流转给他人,农户还可能收取一定的租金。若不能租出,则农户只能将承包地部分或全部闲置,或进行粗放经营,从而减少甚至丧失农地的收益。农户以承包地使用权入股加入土地股份合作社,既可分取相当于自己生产经营的固定红利,还可分取农业更好的发展后增加的收益,从而使入社农户具有参与内部治理、促进土地股份合作社发展的内在动力。

土地股份合作社以农户承包地使用权入股的方式组建,便捷而又低成本地将分散在农户手中的农地集中起来,按规定的用途进行农业的适度规模经营,不仅能充分有效地保护和利用稀缺的农地资源,而且为提高土地产出率和劳动生产率创造了良好条件,也为农地农用、粮地粮用、粮食安全提供了保证。土地股份合作社这些作用的充分发挥,可以产生显著的经济效益、社会效益和生态效益,既能得到入社农户的拥护,又能得到社会的赞同,还能得到政府的支持。同时,在这些作用的发挥过程中,土地股份合作社也会发展壮大,经济实力也会增强,社会地位和影响也会提高。作为一个集体经济组织,如果能达到这一发展水平,也是自己努力所追求的境界。因而必然会加强内部治理,向这一目标迈进。

农村一部分农户、城镇部分工商企业看到农业发展的广阔前景,具有从事农业生产经营,特别是发展现代农业的强烈愿望。农户从事农业生产经营,自己的农地不足,需要租用其他农户的承包地。工商企业从事农业生产经营,自己没有农地,只能向农户租地。向分散的农户租地需要同多家农户协商,租地交易费用很高,委托行政村或村民组向农户租地,又可能违背农户意愿而产生租地纠纷。同时,租种农户土地租金越来越高,种植粮油作物极难承受。只有种植附加值较高的非粮作物,导致租用土地的非粮化利用,对粮食安全带来不利影响。如果由这些主体充当职业经理人生产经营土地股份合作社的土地,在不需要与多个农户协商,不需要事先交付租金,不需要承受高额租金压力的情况下,只要与合作社就相关权责利进行协商并达成一致,便可获得数量可观的土地从事农业生产经营,并获取收益。当然,这些都只有在土地股份合作社正常运行和健康发展的条件下才可能实现,这便需要加强内部治理。职业经理人为了获取土地,顺利从事农业生产经营以获取收益,自然关心土地股份合作社的发展,并积极参与内部治理。

3.2.3 政府扶持潜在利益的吸引

在工业化和城镇化发展的进程中,各级政府对农业发展及其现代化高度重视,鼓励农业生产组织创新,培育新型农业生产经营土体,提倡农业适度规模经营,推广应用先进农业技术,推进农业机械化和信息化,并在资金、技术、物资上给予扶持。土地股份合作社是一种新型农业生产组织,其职业经理人是新型农业生产经营者,农地少则百亩左右,多则数百亩,可达到适度规模的水平,也为先进技术的应用,提高机械化,促进信息化创造了较好的条件,完全符合各级政府发展农业的导向,为解决当前农业发展面临的某些困难提供了可能,因此得到政府的扶持。

政府对土地股份合作社发展的扶持主要体现在 3 个方面。一是财政扶持,投入财政资金帮助土地股份合作社建设农业基础设施(农地整治、水利建设、农田设施建设),对粮油生产进行高于一般农户的生产补贴、良种补贴、生产资料及农机补贴,对土地股份合作社生产经营服务设施建设进行补贴等,且补贴标准逐年提高,越来越向土地股份合作社倾斜。二是技术支持,政府农技部门向土地股份合作社免费提供先进的适用技术成果,派驻专门的农技人员免费为其生产经营全过程服务,一些土地股份合作社还被作为优质农产品生产基地、农业科技示范基地、良种繁育基地、农业机械化示范基地、农业信息化示范基地加以建设。三是金融支持,鼓励各类金融机构为土地股份合作社提供信贷支持,允许其利用土地使用权、农产品订单等抵押贷款,对土地股份合作社进行专项金融支持等。

政府对土地股份合作的扶持,不仅可以极大改善农业生产条件,提高农业劳动生产率和土地产出率,提高农业效益和增加农业收益,而且可以显著提高农业现代化水平。同时,各项财政补贴成了土地股份合作社收益的一部分,且数额可观。政府扶持带来的这些利益通过一定的渠道和形式最终为入社农户、土地股份合作社组织、职业经理人所分享,大家都可从中获益。当然,政府重点扶持的对象是土地股份合作社这类新型农业生产经营组织。只有发展顺利、运行正常、具有持续性的合作社才是政府扶持的重要对象,发展水平越高,政府越关注,扶持越有力。而土地股份合作社这一集体经济组织的顺利发展和正常运行,离不开有效的内部治理。否则,不仅难以运行和发展,还可能因治理不善而解体。为分享政府扶持的潜在利益,无论是入社农户、合作社组织、职业经理人都具有参与内部治理的内在动力。

3.3　土地股份合作社内部治理的内容

土地股份合作社作为一种新型的农业生产经营组织,涉及主体多,运行环节多,主体权益关系复杂,且生产经营还面临较高的自然和市场风险。对这样的经济组织,只有较好的内部治理才能顺利运行,否则就可能出现不少地方的合作制、股份制经济组织纷纷解体或名存实亡的局面。根据土地股份合作社建立的宗旨及相关主体的诉求,其内部治理内容复杂多样,主要包括权益关系治理、农业发展治理、生产经营治理、收益分享治理4大方面,且每个方面还包括很多具体内容。

3.3.1 土地股份合作社的权益关系治理

土地股份合作社作为由多主体组成的集体经济组织,其权益既包括单主体的特定权益,也包括多主体的共享权益,内部权益关系较为复杂。这种复杂性一方面来源于不同主体有不同的权益诉求;另一方面来源于不同主体权益诉求的互竞性;再一方面来源于相关主体的"搭便车"及机会主义行为。由于这一复杂性,加之权益与权利、地位、收益等实际利益联系在一起,主体间的权益竞争协调难度很大。而保障和协调相关主体的权益,是土地股份合作社进行和发展的必要条件,这便对其内部治理提出了艰巨的任务和很高的要求。

土地股份合作社3类主体的身份不同,充当的角色和发挥的作用不同,各自拥有特定的权益,如入社农户的土地权益、合作社组织的管理决策权益、职业经理人的劳动收获权益等。这些权益有的属法律或政策所赋予(如农户土地权益),有的属内部规制所赋予(如合作社组织的管理决策权益),有的属社会公理所派生(如职业经理人劳动收获权益),都为社会所认同。对这类权益关系的治理,一是要明确特定权益的主体归属;二是要界定不同主体特定权益的类型、范围及大小;三是要保障主体对特定权益的拥有;四是要避免和阻止对主体特定权益的损害;五是要建立解决特定权益争端的规则和办法。在土地股份合作社内部,各主体都将拥有自己的特定权益视为理所当然,不容他人损害,内部治理应当顺应和满足主体的这一基本要求。

土地股份合作社3类主体除拥有各自特定权益外,还与其他主体共同拥有不少共享权益,如入社农户与合作社组织共享管理决策权益及对职业经理人生产经营监管的权益,3类主体共享收益的权益,所有入社农户共享对合作社组织行为监督和约束的权益等。这些权益有的是土地股份合作社的性质所决定的,有的是这一经济组织为顺利运行所规定的,有的是这一经济组织在当前经济社会环境下自行约定的,主要涉及有关规制的建设、发展管理与决策、收益分配与风险分担、相互监督与约束等方面。共享权益不仅与土地股份合作社的发展息息相关,更与各类主体的切身利益直接相联,备受各类主体关注与重视。对这类权益关系的治理,一是要明确共享权益的类型、范围及数量;二是要确认共享权益的分享主体;三是要保障相关主体对共享权益的分享;四是要确定相关主体对共享权益分享的方式;五是要避免和防治共享权益分享中的"搭便车"及机会主义行为。各类主体对共享权益的合理分享,既是保障土地股份合作社各类主体平等行使权利的重要措施,也是确保土地股份合作社所有主体公平分享权益,维护自身利益的重要手段。

3.3.2　土地股份合作社的生产经营治理

搞好农业生产经营、促进农业发展,是土地股份合作社建立的直接目的,也是这一经济组织各主体收益的基本来源,备受各方关注。土地股份合作社的生产经营涉及参与主体多、过程复杂,还面临较高的自然和市场风险,对其进行有效治理存在较大难度。这些难度一方面来源于不同参与者因价值取向差异导致的生产经营抉择不易达成一致;另一方面来源于生产经营方式优化选择及监管的复杂性;再一方面来源于生产经营的过程控制及风险防范的多维性。尽管难度很大,但是生产经营治理关系到土地股份合作社的生产与发展,也关系相关主体的切身利益,必须搞好而不能回避。

土地股份合作社生产经营抉择是其治理首先应当解决的问题,只有明确了该做什么产业项目,如何做这些产业项目,才可能开展生产经营活动。生产经营抉择的治理要解决以什么为依据作出抉择,由哪些主体参与抉择,按什么程序作出抉择3个主要问题。决定土地股份合作社从事何种农业产业,一要依据国家农业产业政策的要求;二要依据国家对农地使用的相关规定。在满足这两条的情况下,选择具有优势的产业进行生产经营。生产经营抉择贯穿整个农业生产经营过程的各个环节,且不同环节都存在选择问题,应当根据不同的任务分别由不同主体完成,以提高抉择效率。如生产经营的产业类型、农地(特别是耕地)使用方向等抉择,应当由合作社组织和入社农户共同决定。而生产经营哪些具体的品种以及采用哪种方法,就应当由职业经理人自行选择。对于需要多主体参与的重要生产经营抉择,则应当遵循土地股份合作社内部约定的程序,通过民主决策作出科学选择。

土地股份合作社生产经营组织方式选择是其治理的重要内容,采用哪种组织方式从事生产经营,对效率和效益影响极大。土地股份合作社将入社农户承包地集中后,可以组织社员进行集体生产经营,也可以将其承包给农业大户或进入农业的工商企业生产经营,还可以委托给农业职业经理人生产经营。这几种组织方式虽然都具备可行性,但利弊优劣各不相同。集体生产经营有利于体现入社农户的意愿,方便进行农业基本建设,但组织难度大,管理成本高,提高效率和效益的内在动力不易激发。承包经营简单省事,组织管理成本低,易于激发承包者提高效率和效益的活力,但合作社难以对生产经营实施有效监管,入社农户也只能得到固定的土地租金,不能分享农业发展的利益。委托经营组织管理成本低,易于激活受托方(代理人)提高效率和效益的活力,入社农户既可分享入股土地收益,也可分享农业发展收益,但委托—代理程序复杂,代理人选择也存在一定的风险。在这种形势下,不同的土地股份合作社可以根据自己的情况,按照一定的程序对生产经营组织方式进行选择。

土地股份合作社生产经营方式选择是其治理的又一项重要内容,采用什么样的方法和手段进行生产经营,对农业发展、效率与效益、相关主体收益具有决定性作用。土地股份合作社无论以哪种组织方式进行生产经营,都应当应用现代先进科学技术、设施、设备、工具(特别是农业机械)进行生产经营,以提高资源(特别是土地)产出率和劳动生产率,并体现现代农业社会化、市场化的要求。例如,选用优良品种,采用先进适用的种植及养殖技术,应用农机精准作业,实施规模化、专业化生产等。这些选择虽然应该由生产经营者完成,其他主体不应干涉,但生产经营者的选择要受到客观条件的约束。如先进技术的应用需要提供技术和服务体系,农机应用也需要有相应的社会化服务体系及相应的农田设施,优质高效生产资料使用需要有农资供给服务体系,社会化、市场化生产经营需要营销服务体系,生产经营投入需要金融服务体系等。土地股份合作社在力所能及的范围内,为生产经营者创造更好的选择条件,对生产经营方式选择治理十分重要。

3.3.3 土地股份合作社收益分享治理

土地股份合作社的收益分享,既关系到3类主体的经济利益,也体现3类主体的经济权利,并由此对其巩固、运行、发展产生重大影响。收益的公平合理分享,可以增强各类主体的凝聚力,激发共同推动土地股份合作社发展壮大的积极性。若出现偏差,就会引发主体间的利益矛盾与冲突,严重时甚至可能导致土地股份合作社解体。主体间的收益分享互竞性强,不易协调,治理难度大,但是,如果在内部分享规制建设、分享标准确定、分享方式选择上有所突破,治理也可以取得较好的效果。

收益分享规制建设(制定)是为收益分享确定规则,制定出这样的规则并得到各主体的赞同,就可使收益分享有规可循,一些利益矛盾和冲突也便于解决。

收益分享规制应当包括土地股份合作社收益来源及分类,不同类型收益归属主体确认,收益分享依据及其认定,收益分享方式确定及实施办法选择,收益分享基本方案制定及特殊情况下的调整,争端解决办法等内容。分享规制的科学性、系统性、完整性,对土地股份合作社收益分享的合理性、公平性具有决定性影响,应当将其制定好。为此,应当按照严格的程序,组织各主体充分参与,广泛听取各方面的意见与诉求,经反复讨论、修改、完善,最终形成一个既为各主体认同又便于操作的利益分享规则。这一规则一旦形成,各方就必须遵守。只有当情况发生大的变化时,经土地股份合作社多数主体同意方可修改。

确定准确的收益分享标准,是保障相关主体对收益公平合理分享的重要依据。土地股份合作社的收益除少数来源于政府扶助和社会捐赠外,主要来源于生产经营所得。这一所得一方面来源于投入的自然资源,另一方面来源于投入的资金和物资,再一方面来源于投入的劳动。投入的资金和物资可以作为成本扣除,其余部分可以在相关主体间分享。如果能给投入的单位资源及劳动确定准确的收益分享标准,在对相关主体的资源及劳动投入计量之后,便可计算出各主体应当分享的收益多少。为避免因农业生产经营劳动类型多而准确计量的困难,也可只给投入的自然资源确定分享标准,对不同类型的劳动投入只确定分享比例。

土地股份合作社收益分享的方式包括分享构成(分享由哪些部分组成),分享顺序(谁先分享及谁后分享),分享形式(实物分享或货币分享)等内容,对保证收益分享公平合理,减少利益矛盾,激活所有主体参与合作社发展热情关系密切。根据这些内容,收益分享方式的治理,应在将其纳入土地股份合作社规制建设后,达到 3 个方面的目的。一方面,使各主体既能分享基本的、相对稳定的固定收益,又能分享生产经营发展的变动收益;另一方面,使入社农户的收益得到优先保障,合作社组织的收益受到严格控制,职业经理人的收益与其生产经营状况紧密相关;再一方面,各主体的收益分享,既避免简单的实物分享可能造成的产品营销负担,又避免因价格变动可能带来的收益损失。只要这 3 个目的同时达到,土地股份合作社收益分享方式治理就算大获成功。

3.4 土地股份合作社内部治理机制

农户自主建立的土地股份合作社,作为兼具股份制和合作制特征的农业生产经营组织,其内部有效治理的重要性不言而喻,甚至可谓攸关成败。内部治理的关键在于机制,有了良好的机制,复杂和困难的治理也能解决,否则便可能导致治理混乱。从这个意义上讲,土地股份合作社的内部治理,就是建设一套良好的机制,并用它去解决运行和发展中的问题。

3.4.1　内部规制治理机制

土地股份合作社是多类主体、多个成员组建的集体经济组织,这些主体和成员虽然在某些方面相似,也有共同的利益与追求,但异质性明显,各自的目标、行为思路与方式差异显著,相互间的权益关系复杂,还具有一定的互竞性,特别是入社农户离散性较强,容易导致这一组织的松散。对于土地股份合作社这样的经济组织,只有当各类主体及其成员形成统一意志、采取集体行动时,才能有效运行和发展壮大。而要做到这一点,既不能靠行政命令也不能靠硬性规定,只能靠土地股份合作社内部规制建设形成一套规范,利用规制引导和约束各类主体及其成员,将较为松散的组织结构逐步聚合为紧密的组织体系,统一大家的意志并达成共识,集合群体的力量推动运行和发展。

土地股份合作社的内部规制,包括总体规制、具体规制和合约 3 种。总体规制包括合作社章程、董事会章程、监事会章程,合作社章程规定建社宗旨及发展（退社）条件及程序、组织架构、议事和决策规则、成员的权责利及事会及监事会章程包括组成及产生办法、任期、职责和履责、考核制如农地用途及监管、收益分红标准及方式、职业经理人选择及约如合作社与职业经理人达成的农地利用方向、生产经营的基本目标、收益分配方案等方面的书面协议。土地股份合作社内部规制建设的内容虽然较多,但不宜烦琐而应力求简洁,应当将相关内容体现在一个而不是多个规制文本中。同时还需要准确明晰表达,以便于各类主体及成员了解和遵守。为使内部规制具有权威性,要按照合法的程序和科学的方法进行制定,以得到大家的认同和遵守。

土地股份合作社的内部规制一经制定并得到各类主体及成员认同,就必须严格执行和遵守,否则,规制就会形同虚设。有两种情况可能影响规制的执行,一是规制本身并无问题,但其执行对个别成员的非理性行为施加了约束而遭到反对;二是规制本身不完善,其执行可能产生较多矛盾或不良影响而遭到不少质疑。对于第一种情况,应当引导当事人顾全大局并坚持执行规制;对于第二种情况,则应对原定规制进行修改、补充、完善,使其为大家认同与接受,再加以执行。

但修改已经制定的内部规制应当慎重,只有当合作社多数成员赞成时才宜修改。否则,内部规制就可能朝令夕改,导致大家无所适从,自然也难以发挥统一成员意志、规范成员行为的作用。

3.4.2　内部民主治理机制

入社农户、合作社组织、职业经理人是土地股份合作社的3类主体,入社农户这一主体又是由多个成员构成的群体。其中,入社农户是土地股份合作社的"主人",合作社组织是他们的代表,职业经理人是他们招聘的生产经营者。这些主体虽然身份不同、特点各异,但都对土地股份合作社的运行和发展产生重要影响,其切身利益也与土地股份合作社的运行和发展直接相关。从这个意义上讲,这几类主体既有权利也有责任,参与土地股份合作社运行和发展相关治理。各类主体及其成员民主参与治理,既能充分体现其在这一集体经济组织中"当家作主"的地位,也能通过这种参与维护自己的合法权益,还能在很大程度上提高治理的有效性及各主体的认同性,进而发挥更好的治理效果。

土地股份合作社内部民主治理,一方面要保证相关主体及成员对关系自己权益、合作社运行和发展管理决策的充分参与;另一方面要保证这些方面的管理决策由参与人协商作出决定。土地股份合作社的运行和发展与各主体及其成员相关,这方面的管理决策大家都应参与,并且都有平等表达意见的权利。与某些主体及成员相关的管理决策,这些主体及成员和合作社组织都必须参与,且各自充分表达诉求而不受身份(角色)或占股多少的影响。在相关主体及成员在参与管理决策的过程中,如出现分歧,应通过参与者充分协商,按绝大多数参与者的意愿作出决定,如分歧较大,则应多次协商解决。应当强调的是,入社农户是土地股份合作社中数量最多的主体成员,也是这一集体经济组织运行和发展的基本力量,其内部民主治理应充分依靠他们,合作社组织不能越过他们或包办他们自行决定重要问题,其他主体也不能避开他们作出决定。否则,土地股份合作社的管理决策就会出现混乱。当严重违背入社农户意愿时,这样作出的管理决策轻则影响这一集体经济组织的运行和发展,重则可能导致组织解体。

土地股份合作社内部民主治理,需要在内容、程序、方式及行为上加以规范。在内容上应明确哪些管理决策应由合作社所有主体及成员共同参与,哪些管理决策只需部分主体及成员参与,哪些管理决策应由当事主体自行决定,既保证土地股份合作社重要管理决策的民主决定,又保证相关主体在职权范围内的自主管理决策权。在程序上应规定管理决策问题的提出、讨论与协商、决定的作出等过程,为各主体及成员参与内部管理决策提出路径,并从过程上保证内部民主治理的实现。在方式上,应确定便于相关主体及成员参与并独立表达意愿的形式。如管理决策问题的提出方式,讨论及协商的方式,作出决定的方式等,从形式上保证内部民主治理的实施。对相关主体及成员参与内部治理的行为进行规范,特别应规定各自只能在权责范围内参与,与其他主体及成员共同参与并尊重其权利,不能凌驾于他人之上将自己的意愿强加于人,尊重大多数主体及成员的意愿和决定,以防止劣质民主的发生和内部治理的受阻。

3.4.3 生产经营治理机制

土地股份合作社是入社农户组建的农业生产经营组织,其目的是促进农业发展,推动农业现代化,提高农业效率与效益,增加农业收益。因此,土地股份合作社的生产经营治理不仅是一项重要任务,而且直接关系到这一集体经济组织的生存与发展。生产经营治理涉及内容很多,主要包括生产经营主体选择、生产经营的组织形式选择、生产经营模式选择等方面,是在多种可能情况下的择优,以利于土地股份合作社建设目的的达成。

土地股份合作社将入社农户承包地集中后,可以集体组织进行生产经营,也可以转包给某个或某几个入社农户生产经营,或转包给工商企业生产经营,还可以委托给农业职业经理人生产经营。前者以集体的组织形式生产经营,后者或农户家庭生产经营,或企业生产经营,职业经理人也多以家庭生产经营为基本形式。农业生产环节多,过程复杂,进行集体生产经营不仅管理难度大,而且监督成本高,往往导致效率不高。以企业的形式组织农业生产经营,同样存在管理的困难,在雇佣劳动力的情况下生产经营成本很高,对低附加值的粮油生产很难适应。而以农户的形式组织农业生产经营,农事活动有的靠自己完成,有的靠外包,自主管理,管理效率高成本低。但农户生产经营不能搞"小而全",农户的小生产不仅生产经营效率低而且成本高。鉴于此,土地股份合作社的生产经营还是采用家庭经营的形式为宜,但需要达到一定规模。

土地股份合作社的生产经营在确定了组织形式之后,生产经营主体也便相应确定下来。集体生产经营形式的主体是合作社组织,农户生产经营形式的主体是农户,企业生产经营形式的主体是工商企业,委托生产经营形式的主体是职业经理人,各自身份不同,能力不一,从事农业生产经营的目标也有区别。合作社组织虽然拥有土地资源、社会资源和动员能力,但直接从事生产经营并非其长处,还可能削弱其管理职能。一般农户经济实力不足、技术不强、管理能力有限,对较大规模的生产经营有一定困难。工商企业经济实力强,熟悉市场运作,但对农业生产经营较为陌生,也较缺乏自己的农业技术力量,从事农业生产经营的风险较大(特殊农业生产领域除外)。相比之下,职业经理人既具有一定的经济实力,又具有较多的生产经营经验,还具备较好的技术素质,而且专门以农为业,拥有充当生产经营主体的主要条件。

土地股份合作社集中的土地,无论以哪种组织形式生产经营,无论由谁充当主体生产经营,都不宜分散,以保证达到一定的生产规模。同时,还应对产业进行调整,以实现专业化生产。通过生产经营的规模化和专业化,促进优良品种技术、先进种植及养殖技术、现代农机技术及信息技术、现代生产设施及设备技术的应用,实施标准化、精准化生产经营,从而提高农地产出率和农业劳动的生产率,并相应降低成本,增加效益,提高农业的市场竞争力,促进传统农业向现代农业转化。

3.4.4　收益分享治理机制

在土地股份合作社的3类主体中,入社农户和职业经理人都希望从农业发展中获取更多收益,合作社组织虽然是入社农户的代表而不应有独立经济利益,但其运转需要投入,发展需要积累,也要占有一定的收益。收益分享关系到各类主体及成员的切身经济利益,也体现他们在土地股份合作社中的地位与权利,因而备受重视。收益分享的关键是公平与合理。公平是各主体及成员能分享到自己应有的收益,合理是各主体及成员分享的收益都有充分的理由和可靠的依据。收益的公平合理分享是一种凝聚剂,可以团结所有主体及成员共同推动土地股份合作社的健康运行和发展。所谓收益分享治理,就是要确保这种公平性和合理性。

收益分享应当分类治理,即不同来源的收益应有不同的分享方式。土地股份合作社的收益主要有3个来源:一是生产经营收益、构成收益的主体;二是政府补贴、构成收益的补充;三是政府的奖励及社会捐赠、构成随机辅助。按谁贡献谁分享的原则,入社农户为生产经营提供了土地、合作社组织为生产经营提供了组织管理、职业经理人完成了生产经营活动,生产经营收益应当在这3类主体及成员间分享。而农业基础设施建设补贴应由合作社组织专款专用,政府奖励给合作社组织的钱物应作为公产,其收益应在入社农户与合作社组织间分享,政府奖励给职业经理人的钱物应由其分享,社会捐赠的钱物可参考政府奖励的办法分享。如此分类治理,不同来源收益的分享主体便被明确,某些来源的收益分享办法也被确定。

收益分享较难处理的部分是生产经营收益,因为这部分收益要由入社农户、合作社组织、职业经理人共同分享,存在如何分割的问题。由于这3类主体对生产经营收益获取的贡献在不同的方面,他们的贡献大小不便于直接比较,也就难以此为据对这一收益进行分享。在这种情况下,就需要寻求既有客观依据,又可被3大主体及成员接受,还较为简便的办法,对生产经营收益进行分享。对于不同的主体及成员,他们对生产经营收益分享的依据和可接受程度的衡量是有差异的。入社农户分享生产经营收益是以自己生产经营的收益水平为参照的,不低于这一水平就是可以接受的,超过越多便越满意。合作社组织分享生产经营收益是以维持其运行管理基本消耗和积累需求为参照,能满足这一需求便可以接受。职业经理人分享生产经营收益是以从事其他生产经营的收益为参照,若生产经营收益与补贴收益之和不低于参照便是可以接受的。按这一思路分享生产经营收益,易于达到公平合理。

土地股份合作社的生产经营收益分享,重点是保障入社农户的收益权。一方面是因为这一保障是该类经济组织存在和发展的基础。另一方面是因为这类主体在收益分享决定上处于劣势。保障入社农户对生产经营收益的分享,一是保证正常年景下的收益分享不低于自己生产经营的水平。二是保证对生产经营增加收益的分享。三是保证收益分享的优先权。这样一来,就可使入社农户不仅能分享入社土地的基本红利,还能分享入社土地生产经营的增长红利,并对生产经营收益分享拥有优先权。

3.5 本章小结

对土地股份合作社内部治理的分析,应当在确定治理目标的基础上,按明确治理主体(由谁治理)和客体(治理谁)、确定治理内容(治理什么)、选择治理方法(如何治理)、探寻治理机制(总结治理规律)的逻辑思路展开。这一逻辑思路既应体现在总体分析的架构中,也应体现在各项治理内容的分析中。根据这一逻辑思路,可以构建土地股份合作社内部治理分析框图(如图3-1)。

内部治理目标

内部治理主体 → 治理主体及客体 ← 内部治理客体

权益关系治理 / 收益分享治理 → 内部治理内容 ← 产业发展治理 / 生产经营治理

内部规制建设 → 内部治理方法 ← 民主管理治理

内部规制约束 / 民主决策制衡 → 内部治理机制 ← 主体利益关联 / 主体利益协调

研究结论与启示

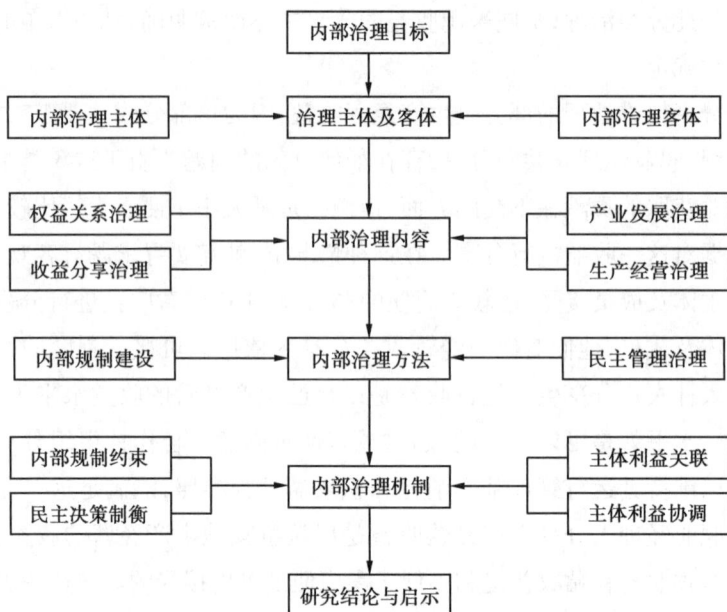

图 3-1 土地股份合作社内部治理分析框图

图 3-1 表明,土地股份合作社的内部治理,表面上看是对事的治理,实质是对人的行为的管理,这便产生了治理主体和客体的问题。内部治理的直接目标是推进土地股份合作社的正常运行和健康发展,而产业发展、生产经营、权益关系、收益分享与此关系重大,故将其作为主要治理内容。土地股份合作社是一个多主体组成的集体经济组织,治理手段的选择受到一定局限,只能主要依靠内部规制的完善和集体成员共同参与管理决策进行治理。土地股份合作社的内部治理涉及主体多,内容多,利益关系复杂,难度较大,需要形成适合这类组织的治理机制,并让其在内部治理中充分发挥作用。根据这类组织的特点,利用内部规制引导和约束主体行为使之趋于理性,应用民主管理决策形成主体间的制衡防止个别主体操控,将各主体利益联系在一起形成利益共同体,保障各主体公平分享利益使之协调和减少矛盾冲突,应当是土地股份合作社内部治理机制建设的重点。

第 4 章　成都市土地股份合作社的产生与发展

　　成都市为四川省省会,西部工商业重镇。全市辖 9 区 4 市 6 县,辖区面积 1.24 万平方千米,耕地 42.4 万公顷,户籍人口 1 173.35 万(2012 年)。20 世纪 80 年代初,全市农村实行土地家庭承包经营制,极大地促进了农业和农村经济发展,2007 年被中央定为统筹城乡发展改革试验区。随着全市工业化、城镇化进程的加快,农民就业和收入非农化趋势凸显,农户小而全的生产经营越来越不适应农业发展的要求。成都市在推进统筹城乡发展中,通过建立土地股份合作社,对农村集体土地家庭承包经营制度进行改革与完善,做了有益的探索。

4.1　成都市土地股份合作社产生的背景

　　成都市土地股份合作社的产生,有着深刻的历史背景和鲜明的现实背景。正是农业和农村经济的历史演进和经济社会发展的现实要求,才催生了土地股份合作社的产生。工业化和城镇化对农业生产要素的吸取以及对家庭经营的冲击,统筹城乡发展的艰巨任务,农业现代化转型的要求,构成了成都市土地股份合作社产生的基本背景。

4.1.1　工业化和城镇化进程加快

　　自 1978 年以来,成都市推进农业发展的同时,大力促进工商业的发展壮大,并逐渐加快城镇化的进程。经过不懈努力,成都成为全国大都市和经济中心。

表 4-1　成都市 1978—2013 年工业化、城镇化进程* 　　　　　　　单位:%

	1978	1980	1990	2000	2011	2012	2013
第一产业从业劳动力占比	63.4	63.3	53.5	44.9	18.7	17.9	16.7
第二产业从业劳动力占比	16.2	16.1	25.9	26.5	34.6	34.7	35.5
第三产业从业劳动力占比	20.4	20.6	20.6	28.6	46.7	47.4	47.8
第一产业 GDP 占比	31.86	27.21	20.9	10.06	4.71	4.28	3.88
第二产业 GDP 占比	47.22	49.63	39.71	36.49	45.23	46.27	45.91
第三产业 GDP 占比	20.92	23.16	39.39	53.45	50.06	49.46	50.21
农村常住人口占比**	77.7	76.7	72.7	65.9	39.3	38.9	38.66
城镇常住人口占比**	22.3	23.3	27.3	34.1	60.7	61.1	61.34

*数据来源:根据成都市 1978—2013 年各年经济社会发展统计资料整理。

**指本市户籍的常住人口,不含市外户籍常住人口。

随着工业化进程加快,大量农村劳动力进入城镇务工经商,或就地设厂办企业,农村劳动力的非农转移由剩余部分的非农就业扩展到绝大多数青壮年的非农就业,导致留村从事农业生产经营的劳动力(特别是青壮年劳动力)大幅度减少,对农业发展造成很大冲击。工商业的发展使农民非农就业和创业机会增加,加之从事工商业的收益远高于农业,农民的离农离粮倾向日见凸显。改革开放以来,成都市农村居民人年均纯收入快速增长,从 1978 年的 140 元增加到 2012 年的 11 501 元(当年价),但增加部分主要来自非农收益。在 2012 年的人均年纯收入中,来自非农产业的占 81.3%,来自转移支付的占 7.1%,来自财产收益的占 1.2%,来自农业的仅占 10.4%。农民就业和收入对农业依赖的降低,使相当部分的农户无力或不愿耕种承包地,有的将承包地部分撂荒,有的将承包地季节撂荒(可种两季的肥田沃土只种一季),有的对承包地粗放经营,既浪费了宝贵的土地资源,又严重阻碍了农业发展。2000 年以来,城镇化快速推进,使全市大量农村人口离开农业和农村,进入城镇就业与生活,但仍然保有在农村的承包地。由于这部分人的工作与生活都在城镇,不可能返回农村务农,其承包地或转与他人耕种或撂荒闲置。在这一背景下,需要通过一定的途径将农户无力或不愿耕种的承包地集中起来开发利用,以保护农民土地权益,充分利用土地的资源,促进农业发展。土地股份合作社正是适应这种需要应运而生的。

4.1.2　统筹城乡发展

改革开放以来,成都市经济社会得到巨大发展,但相比之下,城镇的发展远快于农村,工商业的发展远高于农业,造成城乡发展的不协调和第一、第二、第三产业发展的失衡。1978—2013 年,成都市城区及区县城区大为扩展,现代交通、通信、能源设施日臻完善,为城镇经济特别是现代工商业发展创造了良好条件。但同期内农村交通、通信、能源设施以及农业基础设施建设滞后,对农业和农村经济发展造成很大制约。城乡发展条件的巨大反差,带来城乡经济社会发展水平和城乡居民收入的显著差距,城乡二元经济结构、社会结构矛盾凸显,对全市经济社会发展造成极为不利的影响。

为改变农业和农村发展滞后的问题,成都市虽然采取了一些措施改善农业生产条件,促进农村经济发展,但在以城镇建设为中心、工商业立市的思想指导下,这些举措效果十分有限。在中央提出统筹城乡发展并将成都市作为试验区之后,成都转变发展观念,将城镇和农村、工商业和农业纳入全市经济社会发展总体加以统筹与平衡。加快农村公路交通、网络通信、供电网络建设和改造升级,实现城乡互联互通。加大农田整治与改造、农田水利设施建设、农田道路及生产配套设施建设投入,对闲置的宅基地、弃耕地进行复垦,极大改善了农业发展条件。推进农民新村建设,完善配套服务设施,极大改善了农民生活条件。建立农民医疗保险、养老保险制度,弱化土地的医疗保险和养老保障功能,为农民解决后顾之忧。

成都市的上述举措显著改善了农业和农村经济社会发展的条件,也受到广大农民的欢迎。但农户小规模生产经营效率低、效益差和农业比较效益低的问题,并未随条件的改善而自然解决,工商业就业的较高收入仍然吸引大量农村劳动力进入城镇务工经商,城镇较多的发展机会和更好的生活条件仍然吸引大量农村人口进入城镇落户,农业发展的重任还是难以落到实处。在这种情况下,改革和完善农村集体土地家庭承包经营制度,创新农业生产经营模式,培育新型农业生产经营主体便十分必要,土地股份合作社便是在这种客观要求下产生和发展起来的。

4.1.3　农业发展的现代化转型

农村集体土地的家庭承包制改革,使农户成为农业生产经营的主体,充分调动了农民的生产积极性,有效利用了生产要素的产出潜能,节省了生产管理监督成本,促进了成都市农业的大发展,1978—1990 年农业总产值(当年价)年均增速高达 12.40%。但随着工业化和城镇化进程的加快,农业生产社会化的发展,生产要素市场的放开,加之农产品(特别是食品)短缺局面的改变,大量农村劳动力、土地、资金流向城镇,有力推进了工商业的现代化和现代城镇体系的形成。与此同时,由于大量优质资源和要素的流出,削弱了农业发展的基础,全市农业不仅未随着工业化和城镇化进程实现现代化转型,在局部地方甚至出现了农业萎缩,连传统农业也难以维系,农业发展速度明显放缓,1990—2000 年农业总产值(当年价)年均增速降为 11.20%。

传统农业向现代农业转型受阻,使成都市农业劳动生产率、土地产出率提高缓慢,农业效益提高和农民收入增加随之受到很大限制。农业发展放缓和农民收入增加受限,又制约了农业生产消费和农民生活消费的增加,对全市经济社会发展带来极为不利的影响。在新的形势下,促进传统农业向现代农业转型,已不是一个单纯的农业问题,而是一个关系全市经济社会发展的全局问题。成都市的农业基础设施建设,为农业现代化转型创造了必不可少的硬件条件,农业技术服务及生产服务体系的建设,为农业现代化转型提供了必要的支持条件,农业扶持政策的配套与完善,为农业现代化转型创造了良好的社会条件。但这些条件只为农业现代化转型提供了可能性,要让这种可能性转变为现实,现代农业生产组织构建和运行机制建立必不可少。土地股份合作社就是在这一背景下产生的。

改革开放以来,成都市农业发展一直以农户家庭经营为主流模式。家庭经营虽适合农业生产的特点,在农业发展中发挥了巨大作用,但由于生产经营的规模太小,生产效率与效益不高,在市场经济环境中适应能力和竞争能力严重不足,一旦遭遇需求波动和价格波动,便会陷入被动和艰难的境地。加之农户小规模生产经营不利于先进技术的应用,农业机械的使用也存在诸多不便,并要承担较高的交易费用,其生产经营面临的困难与问题不易解决。在这种情况下,将分散的农户组织起来,形成新的农业生产经营主体,利用先进的农业生产技术,应用高效率生产工具进行规模化、标准化的商品农产品生产占领市场,便是农业发展和现代化转型的理性选择,而土地股份合作社就是组织农民的一种有效形式。

4.2　成都市土地股份合作社产生的依据

成都市土地股份合作社作为农民的合作经济组织,作为农村土地制度创新的产物及平台,其产生有着科学的理论依据,可靠的法规依据,充分的经济社会依据。理论依据为其提供合理性,法规依据为其提供合法性,经济社会依据为其提供必要性。这"三性"的具备,既为土地股份合作社的产生提供了依据,也为其能被农民、政府、社会所接受作出了解释。

4.2.1　成都市土地股份合作社产生的理论依据

成都市土地股份合作社,是农户在自愿互利的基础上,将承包地使用权作为资产入股组建的合作经济组织。农户以所有者身份,将承包地的使用权委托给合作社,再以入股土地使用权的方式,从合作社获取这一委托资产的收益。农户承包地使用权入股与流转不同且差异巨大:前者是土地使用权的委托,后者是土地使用权的让渡;前者使农户保留了土地使用权,后者使农户在转让期内丧失了土地使用权;前者使农户获得土地生产经营分红,后者使农户得到土地使用权的租金。土地股份合作社的产生,是以土地产权理论和土地资产理论为依据的,正是这两种理论的支持,它才得以组建和运行。

土地产权是包括所有权、使用权、支配权、收益权等多项内容的权利集,这些权利可以集中于一个主体由其独享,也可以分散于不同主体由各自分享。将土地产权的不同部分由多个主体行使,就是土地产权的分割,这种分割有利于土地的利用,也有利于协调土地权益关系。农村集体土地的家庭承包,就是集体土地产权的分割。在这一分割中,集体保留土地所有权,农户获得土地使用权、收益权等除所有权之外的权利。农户对集体土地的承包权和使用权是由国家法律和政策赋予的,可以清晰地界定并具有强烈的排他性。当农户自己耕种承包地时,土地的承包权与使用权是结合的。当农户将使用权委托或让渡给他人时,土地的承包权与使用权是分离的。农户对承包土地的使用权可以由自己行使,也可以委托或让渡给他人行使。正因为农户对承包地使用权可以支配,才使其可以用土地使用权入股加入土地股份合作社。农户有了承包土地的使用权便拥有相应的土地收益权。正是这一权利的存在,才使其有理由按入社土地使用权股份分取生产经营红利。

农村土地原本便具有资源和资产双重属性,只是在不同的场合和条件下表现出不同的特质。在农业生产领域,土地是最基本也是最重要的生产资料,其数量和质量虽与人为作用关系极大,但主要还是由天然禀赋所决定,资源属性显著。在产权交易领域,土地是可以带来收益的不动产,其数量和质量决定所有者的财富,资产属性凸显。农户承包集体土地,拥有了土地的使用权和收益权。当农户自己耕种承包地时,这些承包地是其拥有的生产资源,通过生产经营和利用获取农业收益。当农户无力或不愿自己耕种承包地时,这些土地的使用权是其拥有的重要资产,可以通过出租收取租金,可以通过转让获取收益,也可以将其入股分取红利。正是土地的资产属性,才使农户可以用承包地使用权作为资产,加入土地股份合作社,并按入股土地使用权从合作社的生产经营中分取红利。

4.2.2 成都市土地股份合作社产生的法规依据

成都市土地股份合作社,是在新形势下农户为充分、有效地利用土地资源,促进农业发展,维护土地权益,增加收入而组建的合作经济组织。这一经济组织从建立、运行到发展,都是以国家相关法律和制度、政策为依据的。正是因为土地股份合作社符合国家法律要求,符合制度及政策规定,才使其能获得合法的身份和相应的社会地位,才使其能得到社会广泛认同和政府的肯定与支持。土地股份合作社的合法性以及社会和政府的认同,才使其有可能产生和发展。

农户作为农业生产经营主体,依法享有与其他农户合作,在自愿互利的基础上组建合作社经济组织的权利。成都市土地股份合作社正是农户自己组建的农业合作经济组织,农户入社自愿,退社自由,规模可大可小,小则 30~50 户,大则100 户以上。本村民组的农户可以组织起来建社,毗邻的跨村民组农户也可以组织起来建社,充分体现了农户自主组建合作经济组织的权利行使。为促进农业生产的组织化,近年来,中央政府颁布了农民专业合作社法并出台了一系列政策,引导农民的联合与合作,鼓励和支持组建多种形式的合作经济组织,推进农业现代化,并在合作经济组织工商登记上给予便利,市场准入上创造条件,运行发展上给予扶持。各级地方政府在中央的指导下,根据本地实际情况相继制定了不少激励和支持措施,促进农业合作经济组织发展。成都市土地股份合作社,正是在国家法律允许和现实政策支持、地方政府激励与扶持下,探索的一种农业合作经济组织的新模式。

农户作为农村集体土地的承包者,将承包地的使用权作为资产组建土地股份合作社,具有充分的法律和制度依据。首先,农户承包土地的所有权归农村集体所有,承包地无论是由自己耕种或转由其他主体耕种,其所有权都不会发生改变。农户加入土地股份合作社,承包地由自己耕种转变为由合作社经营,完全符合农村土地归集体所有的宪法规定。其次,农户以农村集体成员身份有权承包集体土地,土地承包法又赋予了农户承包土地使用权并保持长期不变,农户将承包土地使用权作为资产加入土地股份合作社,是农户行使土地使用权的一种方式,是农民应有权利。这种权利的行使既符合国家法规的要求,也符合中央和地方政府的政策导向。再次,农户承包地使用权入社后,土地股份合作社坚持农地农用、粮地粮用,不改变土地用途,并充分有效利用土地资源,防止耕地撂荒和粗放经营,与中央政府一贯强调的土地政策、农业发展政策保持高度一致。

在工业化和城镇化进程中,保持农业健康发展,促进农民增收,保证农产品(主要是粮食)安全,使工业化、城镇化、农业现代化、信息化得到协同推进,是十分艰巨而复杂的任务,而农业现代化又是该"四化"中的短板。成都市土地股份合作社,有利于推进农业生产的规模化、专业化、机械化,有利于先进技术的应用与推广,有利于提高劳动生产率和土地产出率。这与中央政府促进农业发展、推进农业的现代化转型,实现"四化"同步发展的政策目标高度契合,使其产生能得到政府认同,其发展可获得政府激励与扶持。

4.2.3　成都市土地股份合作社产生的经济社会依据

成都市土地股份合作社,既是农户的合作经济组织,也是农村土地制度创新平台。作为合作经济组织,它是农业发展的实际需要。作为制度创新平台,它是农村深化改革的客观要求。正是成都市经济社会发展的新形势和新要求,才孕育了土地股份合作社的产生。成都市在农业发展中探索"公司+农户"的产业化经营,农业专业化生产合作,承包地使用权流转,订单农业和农超对接等多种模式,但在促进农业发展和保护农户土地权益方面,还是土地股份合作社具有明显优势与特色。

20世纪90年代以来,成都市工商业迅速发展,城镇化进程加快。从1990年至2012年,全市农村人口(常住人口,下同)比重由72.70%下降到38.90%,城镇人口比重由27.30%上升到61.10%。大量劳动力由农业转移到非农产业,部分农户离开农村进入城镇。加之农业比较效益低,农户离农离粮倾向严重。一些劳动转移过多的农户无力耕种承包地,将可以一年两熟(水稻—小麦或水稻—油菜)的肥田沃土改成一熟(水稻),且经营管理粗放,将耕作费工的坡耕地闲置。进入城镇的农户不愿耕种承包地,将使用权流转给他人,因流转费高昂导致流转土地使用权的非农化和非粮化。这种情况对农地资源利用、农业发展和粮食生产,甚至对农业的家庭经营带来巨大冲击,也产生了明显的不利影响。1990—2012年,按当年价计算,全市第三产业产值增长了51.64倍,第二产业产值增长了47.86倍,第一产业只增长了7.58倍,而粮食产量则从381.701 6万吨降到249.992 1万吨,减少了34.51%。农业与工商业发展形成巨大反差,农业发展明显滞后。面对这一新形势,如何将工业化、城镇化对家庭经营的冲击转化为农业发展的机遇,需要对农村集体土地家庭承包经营制度进行再创新,使之适应新形势下农业发展的要求。土地股份合作社就是为实现这一要求产生的制度创新平台,它以农村集体土地家庭承包制为基础,将农户承包地使用权通过资产入股方式集中起来,变家庭经营为合作社经营,在保证农户土地权益的前提下,解决部分农户无力或不愿耕种承包地的问题,使宝贵的农地资源得到充分、有效的利用,粮油生产用地得到保障,促进农业稳定发展。

成都市已经成为中国西部的工商业重镇,工商业已经成为全市国民经济的主体,2012年第一产业GDP占比已降至4.28%。对于有很大郊区的成都市,虽然农业占比下降,但其重要地位仍未降低,没有发达的农业,全市经济社会发展将受到很大制约。目前,成都市农业发展明显滞后,农业现代化远远落后于工业化、城镇化和信息化,推进农业现代化是必须完成的任务。当前,以手工劳动和传统经验支撑的农户小而全的生产,成本高,效率和效益低,市场竞争力弱,极不适应现代农业发展的要求,需要对农业生产组织、生产方式、生产手段进行创新。土地股份合作社就是应这一创新要求的产物,它将分散的农户组织起来,使无序的农户生产经营转变为有组织的合作社生产经营;将分散在农户手中的承包地通过使用权入股集中起来,使农户的小而全生产转变为合作社的规模化、专业化生产;将农产品生产与加工、营销对接,使农业生产由盲目转向按市场需求进行;将其先进的品种技术、栽培技术、土肥技术、病虫防治技术应用于生产,使土地产出率提高,生产资料成本下降;将先进的机械技术和设施技术应用于生产环节,使劳动生产率大为提高,人工成本大幅下降。土地股份合作社的这些创新优势可以有效化解当前农业发展的一些障碍,更能加快成都市农业现代化的进程。

4.3 成都市土地股份合作社产生条件的创造

成都市土地股份合作社作为一种新型的合作经济组织和创新平台,其产生既需要一定的社会环境条件,也需要一定的物质基础条件。必要的社会环境条件主要指农村集体土地产权制度、农业合作制度、农民权益制度、农业支持制度的完善;必要的物质条件是指农业基础设施、土地整治与改良、技术储备和服务体系,生产服务体系建设及完善。前者为土地股份合作社的产生提供制度支持和法规保障,后者为土地股份合作社的产生提供基础保障和物质支撑。

4.3.1 成都市农村土地产权制度改革

1998 年,成都市完成第二轮农村集体土地承包。由于经济社会发展形势和农业发展基本条件的变化,本轮的土地承包除继承第一轮承包的成功经验外,还在农村集体土地分类处置、承包人口确认、承包地面积计量、承包方式、土地产权确认等方面进行了一系列改革。在不违背中央大政方针和有效保护农民土地权益的前提下,充分发挥农民的聪明才智,大胆创新,各乡(镇)、行政村及村民组可以根据自己的实际情况,采用不同的承包方式和承包办法,不要求一个模式,更不搞"一刀切",但要求村民广泛参与,绝大多数赞同和满意。

成都市的土地第二轮承包,首先,将农村集体土地分为耕地、林地、水面、果园、农业基础设施用地(道路、灌溉设施、能源及通信设施占地等)、建设用地(宅基地、集体企业用地、集体公共用地、文化教育卫生设施用地等),所有不同类型的土地权益均由集体成员分享。其次,对不同类型的集体土地分类处置,耕地和林地按农户家庭人口承包到户,水面果园分别按人均面积折算到农户,农业基础设施占地和建设用地分别折为股份,按人均股份落实给农户。农户承包的耕地和林地,拥有长期不变的使用权和收益权,不随家庭人口变化而变化,不因使用权由自己行使或委托他人行使而改变,也不因家庭人口职业改变和迁徙而丧失。农户分摊到的水面和果园,由集体承包或租赁给某一主体经营,承包或租赁收益按农户分摊面积分配,同样保持长期不变。农户分摊到的农业基础设施用地股份只能提供公共服务而不能独立产生效益,农户只能利用。农户分摊到的建设用地的股份,可以通过入市或开发利用而获利,按股权分享收益且长期享有这一权利。

成都市在土地第二轮承包中,在确认农村集体成员身份的基础上,确定享有集体土地承包权和股权的家庭人口。规定在第二轮承包时,拥有集体户籍的人口为本集体土地权益分享人口,符合这一要求的人口有权平等分享集体土地的承包权和股权,并按各个家庭这类人口的数量,确定农户可承包的耕地及林地面积、应分摊到的水面和果园面积、应分享的基础设施用地和建设用地的股权。但对于宅基地的股权分享,不同行政村、村民组有较大差别,对于有房屋而无户籍的原村民,有的给予宅基地的股权分享,有的则没有给予这种权利。是否给予,主要由村民集体决定。

成都市在农村集体土地第二轮承包和股权分享确定之后,对农户承包的耕地和林地、分摊到的水面及果园、分享的基础设施和建设用地股权进行确权登记,并签发具有法律效力的所有权证。对于农户承包的耕种和林地,有的村、组(农户不愿自己经营土地的村、组)只确定数量,不确定地块,有的村、组(多数农户自己经营土地的村、组)既确定数量,又确定地块。其余类型的土地,只能给农户确定数量或股份。本轮承包中农户获得的土地权益长期有效,不因家庭人口、职业、居住地变动而发生改变。正因为农户在本轮土地承包中获得了稳定的土地使用权和收益权,才为农户以土地使用权作为资产加入土地股份合作社创造了条件。

4.3.2 成都市农业基础设施建设

成都市建立土地股份合作社,不仅是农业生产组织的变革,也是农业生产方式的创新,即促进农业由农户小而全生产向合作社规模化和专业化生产转变,由主要依靠传统技术向广泛应用现代技术转变,由主要靠手工劳动向现代机械化生产转变。而这些转变都需要农业生产条件的改善,特别是农业基础设施的支撑。因此,农村交通、通信、能源设施的完善,农田水利设施、道路设施及相关生产设施的配套,土地整治、改良培肥、机械作业设施的完善,便成为土地股份合作社产生的重要基础。成都市在统筹城乡发展中,大力建设农村公用设施和农业基础设施,为土地股份合作社的产生创造了必要条件。

2007年,中央将成都市列为全国统筹城乡发展试点后,全市在原有的基础上加大了农村公共设施的投入和力度。到2010年年底,全市建成了通行政村和村民组的公路网,实现了路面硬化和全天候通行,达到了与城镇的互联互通。全市农村电网完成了改造,实现了全覆盖,可以充分保证农业生产、农产品加工和农民生活用电需求。全市农村完成了有线及无线通信、互联网、广播电视网建设,并实现了与城镇的互联互通。交通、通信、能源设施的完善及其与外界的互联互通,为现代农业发展提供了基本条件。与此同时,开展了大规模农业基础设施建设,努力改善农业发展条件。到2010年年底,全市改良和平整土地120.23万亩,建设和维修田间道路4 000余千米,建设和疏浚灌排渠道14 700千米,整治和疏浚河道14 700千米,建设和改良河滩地6.94万亩,复垦宅基地14.83万亩,改造中低产田94.95万亩,维修塘坝水库20 833个,建设田间桥、涵、闸44 923个。使平原地区耕地能灌能排,方便耕作、播种、病虫防治、收割的机械作业。使山地、丘陵地区的稻田有水源保证和方便小型机械耕作和收割作业,缓坡耕地能应急灌溉和方便小型农机作业。从而为先进种植技术的应用和农机作业提供了基本条件,也为提高土地产出率和农业劳动的生产率打下了基础,还为2010年成立第一家试点试运行的杨柳土地股份合作社奠定了适度规模化、机械化生产的物质基础条件。

成都市推进统筹城乡发展中,改变了农业生产方式的落后状况,努力提高农业的装备水平。到2010年年底,全市已拥有拖拉机3.7917万台,农用运输车辆5.72万辆,全市农机总动力达到288.16万千瓦,每亩耕地平均达到0.45千瓦。与此相应,全市农业机械化水平迅速提高,2008—2010年,机耕面积占比由50%提高到80%,机播面积占比由不足50%提高到80%左右,病虫机防面积占比在60%左右无大的变化,机收面积占比由65%提高到75%。农机装备水平的提高和农机应用范围的扩大,为土地股份合作社的产生提供了较为雄厚的物质基础,也为建立后的生产经营创造了良好的条件。

4.3.3 成都市农业社会化服务体系构建

成都市土地股份合作社要对入社土地进行规模化、专业化经营,要实现以农业生产效率和效益的提高来完成对农户的土地分红并获取盈利,是一项十分艰巨的任务。农业的规模化和专业化生产,离不开社会化服务的支撑,农业生产效率和效益的提高,也有赖于社会化服务的支持。因此,农业社会化服务体系构建是土地股份合作社产生和发展的重要条件。农业社会化服务包括产前的信息服务、金融服务、物资供应服务,产中的机械作业服务、劳动服务,产后的营销及加工服务,以及整个再生产过程的技术服务,对土地股份合作社的产生和发展具有关键影响。成都市近年加快农业社会化服务体系建设并取得长足进展,为土地股份合作社的产生创造了条件。

经过长期努力,成都市初步构建了覆盖农村的金融服务体系。农村信用社、农业银行、邮政储蓄银行、农业发展银行、农业保险公司、小额贷款公司等在县(区)乡(镇)设立网点,为农业发展提供金融支持。其他商业银行及金融机构也在各县(区)设有网点,为农业发展提供专项金融服务。为解决农业信贷的担保问题,各县(区)还成立了由政府支持的农业信贷担保公司,为农业信贷提供担保。同时,允许农户以承包地使用权和其他不动产作为抵押品获得贷款、允许合作经济组织以农产品订单作为抵押获取贷款。对缺乏有效抵押品的农户,采取社区联保的办法获得贷款。农村金融服务体系的形成和金融服务的广泛开展,为土地股份合作社的产生提供了金融支持。

经过多年的积累和近年的改革,成都市形成了县(区)、乡(镇)、村三级农业科技服务体系。在这个体系中,县(区)设有负责推广先进适用技术的农业局(后改为农委或统筹城乡发展局),乡(镇)设有负责先进技术应用指导的农技站,村配有县农业局或乡农技站驻点农技人员和培训的农民技术员。县(区)农业局(或农委)配备有农作物品种、栽培、土肥、植保等方面的技术人员,引进、试验、示范先进技术,向农民进行展示和宣传,并实行包村包片指导村民应用,对成规模的农业生产企业则派驻技术人员进行上门服务。乡(镇)农技站配备有专门从事农业技术服务的人员,包括村民组直接对农民进行技术培训和指导。驻村农技人员一方面指导农民对先进技术的应用;另一方面培养农民技术人员并使其成为技术服务的骨干;再一方面培养农业科技示范农户并使其成为先进技术应用的带动者。全市三级农技服务体系的完善,不仅促进了农业发展,也为土地股份合作社的产生提供了技术的支撑。

成都市为解决农业劳动力不足、人工成本猛增、劳动生产率低下等问题,大力推进农业机械化。利用政府农机购买补贴政策,培育农机服务公司、农机服务专业户,为农业生产提供农机作业的社会化服务。到 2010 年年底,全市已有农机服务公司 26 家,农机服务专业户 78 户,耕作机具 901 套,并具有很强的农机作业能力。全市大部分地区已初步达到只要生产需要,就可有偿从市场上获得农机服务。农机服务体系的形成与市场化运作,为土地股份合作社的产生提供了现代化生产手段的支持。

4.4 成都市土地股份合作社的产生

成都市土地股份合作社是在新的经济社会发展形势下,顺应农业发展的客观要求而产生的,是对农村集体土地家庭承包经营制度的改革与创新。它作为农民在农业发展进程中探索的一种农地制度创新模式,遵循了诱致性制度创新的一般过程。即农地制度创新需求→农民对农地制度创新模式的试验及比选→社会公众和政府对农地制度创新模式的认同——农地制度创新模式的试验与完善→农地制度创新模式的推广。成都市的土地股份合作社,正是经过农民大胆探索和政府认同才产生的。

4.4.1 崇州市的农地制度创新试验

崇州是成都下辖的县级市,距成都 25 千米,辖区面积 1 090 平方千米(平原占52%,山地占43%,丘陵占5%),辖25个乡镇,2010年总人口66.11万(农村人口占40.12%,城镇人口占59.88%)。崇州是四川及成都的农业大县,也是粮食生产大县。20世纪90年代以来,随着工业化、城镇化进程的加快,崇州因其近邻大城市成都,比一般县级农村劳动力向非农产业转移的数量更大,比重更高,范围更广,农户离开农村进入城镇生活和就业的数量更多,增加速度更快,农民离农弃粮倾向日趋严重,农地的家庭承包经营体制面临严峻考验,农业发展更是遭遇巨大困难。特别是因农村劳动力短缺带来的人工成本大幅度上涨,使效益原本不高的农业生产难以维系。

面对农民离农弃粮倾向严重而又不放弃承包土地、农业成本高、效益低的困局,崇州市从20世纪90年代便开始探索农业经营和农地制度改革。先是学习山东经验培育龙头企业,发展"公司加农户"的产业化经营,其后是组建农业专业合作社,促进专业生产农户的联合与合作,再是推进农户承包土地使用权流转、培育农业生产大户和现代农业企业。这些改革在不同方面取得了一定进展和成效,但都存在一定缺陷,尤其是在充分合理利用农地资源、保护农民土地权益、确保粮食安全等方面局限性较大。2010年,崇州完成农村集体土地第二轮承包和确权颁证后,总结以前农地制度改革的利弊得失,寻求可以使农地资源充分合理利用,推进农业现代化转型,有效保护农民土地权益三者兼得的农地制度创新模式。在这一探索中,该市隆兴镇黎坝村率先创建的土地股份合作社是一种较为理想的创新模式。由于这一模式在促进农业发展和现代化转型及保护农民土地权益方面的独特优势,受到各方认同并得到其他乡镇和村组的效仿。

崇州市的土地股份合作社,是农户在自愿互利的基础上以承包地使用权作为资产入股组建的合作经济组织,其基本架构为社员大会、理事会、监事会。理事会和监事会由社员大会选举产生,实行任期制。社员大会为权力机构,重大问题由其决策,理事会为执行机构,执行社员大会的决定,监事会为监督机构,监督和检查社员大会决定的执行。这一组织有严格的规章(合作社章程、理事会章程、监事会章程),用来规范相关主体的行为。土地股份合作社实施民主管理,土地使用方向、经纪人(生产经营者)招聘、入股土地使用权分红等重大事项,由社员大会协商决定或进行投票决定。合作社土地委托给职业经纪人(生产经营者)经营,经纪人按合作社的规定使用土地,坚持农地农用、粮地粮用。经纪人通过社员大会招聘确定,除按要求搞好农业生产经营外,还要按协商确定的办法和标准为农户兑现入社土地分红。农户的入社土地分红办法和标准由社员大会决定(事前要与经纪人协商),生产经营收入首先保证农户的土地分红,入社土地单位面积的基本分红标准一般参照农户自己经营的获利水平确定。如果生产经营收入增加,农户将有一定比例分成;如果因非人为因素导致生产经营收入减少,则可以降低分红标准。经纪人的收入则主要来自农业产出的提高,生产成本的降低,以及政府的农业生产补贴(粮食生产直补、良种补贴、生产资料补贴、农机补贴)和农产品质量提高的价格上升。

4.4.2 政府对土地股份合作社的引导

土地股份合作社作为一项农村集体土地制度创新,虽然初始推动主体是农民、具有典型的诱致性,但也离不开政府的引导。只有在各级政府的引导下,这一创新才能由农民的自发行动转变为农民的自觉行动,才能由无序探索转变为有规可循,才能由点上试验转变为面上推广。当然,政府引导不能越俎代庖,不是代替农民去组建土地股份合作社,而是在农民推进这一创新过程中,引导他们遵守法规、用活政策、发挥优势、克服不足,促进创新的顺利发展。成都市、县(区)、乡(镇)三级政府,主要引导土地股份合作社的规制建设及民主管理,并帮助其培训管理人才和生产经营人才,取得了较好的效果。

土地股份合作社作为农村集体土地制度创新的产物,其建立需要有人组织,其运行需要有人管理,其生产经营需要有人实施,但因农村青壮年人口转向非农就业,所需要的这几类人才都十分缺乏。针对土地股份合作社发展的人才需求,成都市、县(区)、乡(镇)三级政府组织大规模的人才培训。对于尚未建立土地股份合作社的行政村,分别举办村党支部书记、村长、村民组长、留村骨干农民培训班,宣讲建立土地股份合作社的目的、意义,宣传相关法规与政策,介绍已经成立的土地股份合作社的成功经验,为这些村和村民组建土地股份合作社提供人才储备。对已经建立的土地股份合作社,分别举办董事长、监事长、经纪人(生产经营者)培训班,对董事长主要进行合作社规制建设、民主管理、生产经营决策、相关法规及政策的培训,对监事长主要进行合作社管理决策程序、内部规制执行、生产经营活动、收益分配监督及检查、督办的内容及方法的培训,对经纪人(生产经营者)主要进行农业规模化和专业化生产抉择、组织管理及实施、成本预算与收益核算、现代农业技术和生产手段应用、生产资料采购及农产品营销、相关法规及政策的培训。

土地股份合作社是由多个农户共同组建的合作经济组织,只有依靠制定和执行一套完善的内部规制,才能统一入社农户的意志和行动,协调相关主体的权益,保证其正常运行和顺利发展。根据这一需要,成都市、县(区)、乡(镇)三级政府十分重视土地股份合作社的规制建设,特别是合作社章程、理事会章程、监事会章程的制定和实施。土地股份合作社章程主要包括建社目的及组建方式、农户入社条件及权利和义务、农户入社和退出程序、合作社管理机构及产生办法、管理机构职能及权责划分、重大事项决策程序与民主管理、生产经营领域选择和生产经营方式确定、收益分配与利益协调等方面的内容。理事会章程主要包括组成人员及产生办法、任期及人员变更、职责和权利、管理决策内容及程序、业绩考评、责任承担及追究等方面的内容。监事会章程主要包括组成人员及产生办法,任期及人员变更、职责和权利,监管内容及办法,业绩考评及失职追责等内容。对于尚未制定这些章程的土地股份合作社,指导其社员协商完成章程制定。对于章程不规范、不完善的土地股份合作社,指导其社员经充分协商完善章程。

除为土地股份合作社培养人才和规制建设指导外,成都市三级政府充分利用农民在土地制度创新上的成功经验,引导这一新型合作经济组织的发展。一是总结组建规范、运行良好合作社的经验在全市范围内宣传推广;二是组织村组干部、农民代表、合作社领导到先进合作社现场参观学习;三是全市及各县(区)每年召开一次总结表彰会,对发展态势优良、业绩突出的土地股份合作社进行表彰和奖励。

4.4.3 成都市土地股份合作社的生产经营

成都市的土地股份合作社,都是同村民组或毗邻村民组的农户参与建立的,容易做到入社土地的集中连片,土地面积视入社农户多少而定,少则 100 亩左右,多则 200 亩以上,可达到适度规模经营的面积。农户入社后承包地使用权转到土地股份合作社手中,虽然目前合作社土地的生产经营有多种做法,但委托一个经纪人(生产经营者)经营是主要的办法。农户通过入社自愿将承包地向土地股份合作社集中,合作社将集中的土地委托给经纪人进行适度规模经营,使农地得到充分、有效的利用,农业得到稳定发展和现代化转型。

合作社土地的经纪人通过招聘选择,应聘者可以是本社农户,也可以是社外农户,还可以是从事农机服务的企业及专门从事农业生产经营的企业,但一般不接受工商企业及业主应聘。应聘者应具备一定的条件,主要是以从事农业生产经营为主业,有较强的农业生产经营能力,有一定的农业生产经营经验及技能,有较强的投资融资能力等。只有具备了这些基本条件,才能申请应聘。经纪人招聘按规定程序进行,首先由土地股份合作社公示招聘需求,确定土地资源状况及使用范围及方向,提出土地分红方式及基本标准,明确界定各方权责利及相互关系;其次由符合基本条件的主体提出应聘申请、受聘条件及要求;再次由合作社与应聘者就土地资源利用、农业生产经营、收入分配等方面的问题进行协调和沟通;最后合作社将各应聘者的基本条件、土地利用计划、农业生产经营设想、收入分配(主要是土地分红)承诺向社员大会报告,并由社员大会决定经纪人的招聘人选。经纪人确定之后,合作社与其签订具有法律效力的土地委托经营的正式合同,明确并具体界定入社农户、土地股份合作社与经纪人的权利、责任和义务。

经纪人在获得合作社土地的使用权后,即可按规定的用途独立自主地进行农业生产经营。为兑现农户入社土地的分红及自己获得较高的收益,经纪人必须设法提高土地的产出和降低生产成本。为提高土地产出水平,经纪人第一要充分利用土地(应用尽用和增加复种),通过扩大播种面积增加产出;第二要充分利用先进品种和栽培技术,通过增加单产提高土地产出率;第三要采取综合措施,通过提高农产品质量、特色、安全性增加土地产出。为降低生产成本,经纪人第一要综合利用多种先进农业技术,降低生产的物资消耗;第二要充分利用农机作业、减少人力消耗;第三要通过批量购买生产资料和服务、降低生产资料消耗和农机作业成本。经纪人的这些行为,必然会带来农地资源的充分有效利用,农业生产的发展和现代农业的推进,促进农村集体土地制度创新目标的实现。

经纪人的农业生产经营活动,对入社农户的土地分红以及与合作社签订合同规定的其他责任和义务的履责,要受到土地股份合作社和社员的监管。对于生产经营绩效显著、诚信履约的经纪人,合作社会将土地使用权继续委托其生产经营。对生产经营效果差,不足额兑现入社农户土地分红,不认真履行与合作社签订合约所规定责任和义务的经纪人,不仅要按合同要求追究其责任,强制其履约,还要通过社员大会由合作社收回其土地使用权,并重新招聘经纪人。土地股份合作社对经纪人的这种考核与淘汰机制,可有效促进合作社土地生产经营水平的提高,其示范效应又可促进新的土地股份合作社产生。

4.5 成都市土地股份合作社的发展

成都市土地股份合作社以其对农地资源利用的充分性、对促进农业发展和现代化转型的有效性,对农民土地权益保护的可靠性,受到农民群众的欢迎,得到各级政府的肯定,获得社会公众的广泛认同。在农民推动、政府引导和扶持、社会支持下,土地股份合作社得到快速发展,在农村集体土地制度创新中表现出极大的生机与活力。

4.5.1 成都土地股份合作社发展的速度与规模

自 2010 年第一个土地股份合作社在崇州市隆兴镇黎坝村 15 村民组产生以来,首先在崇州得到了较快发展,随后在成都市其他郊区县(市、区)扩散,形成了较好的发展势头,并达到了一定规模。2011—2014 年成都市土地股份合作社发展规模如表 4-2 所示。

表 4-2 2011—2014 年成都市土地股份合作社发展规模*

年份	土地股份合作社数量(个)	入社农户(户)	入社土地面积(亩)
2011	661	26 930	83 933.84
2012	891	44 730	115 675.84
2013	1 340	72 634	228 046.10
2014	1 297	72 440	225 416.04

*数据来源:成都市农委 2011—2014 年土地股份合作社调查表整理。

由表 4-2 可知,2011—2014 年间,成都市土地股份合作社由 661 个增加到 1 297 个,增长了 96.22%。入社农户由 26 930 户增加到 72 440 户,增长了 169.00%,入社土地面积由 83 933.84 亩增加到 225 416.04 亩,增长了 168.56%。在这 4 年间,全市土地股份合作社在数量上有一定的增加,而入社农户和入社土地面积增加比较快,并已形成一定的规模。土地股份合作社目前的规模还不算大,也尚未成为农业生产的主流模式,但它已成为成都市农村集体土地制度创新的重要模式和平台,在全市农业发展,特别是在充分有效利用农地资源、保证粮油生产、保障农民土地权益等方面,发挥重大作用。

由表4-2还可以发现，2012年和2013年成都市土地股份合作社发展较快，而2014年出现了一定程度的萎缩。合作社数量与上年度相比，2012年增加了230个，增长了34.80%；2013年增加了449个，增长了50.39%；2014年减少了43个，减少了3.2%。入社农户与上年度相比，2012年增加了17 800户，增长了66.10%；2013年增加了27 904户，增长了62.38%；2014年减少了194户，减少了0.27%。入社土地面积与上年度相比，2012年增加了31 742亩，增长了37.82%；2013年增加了112 370.26亩，增长了97.14%；2014年减少了2 630.06亩，减少了1.15%。总的变动态势是合作社数量2012年和2013年显著增加，2014年略有下降，入社农户数和入社土地面积在2012年和2013年都有显著增加，2014年趋于稳定。这表明，全市土地股份合作社在经过3年快速发展后进入巩固调整，少数质量不高的合作社被淘汰，绝大多数合作社在发展中逐步完善和壮大。

应当指出的是，2014年减少的43个土地股份合作社中，只有少数是因规制不健全、生产经营不好而垮掉的，大多数是因为土地离开粮油生产而淘汰的。有的土地股份合作社经过2～3年的生产经营，原来荒废的土地得到复垦，质量不高的土地得到整治和培肥，农田水利和道路亦建设完善，被一些业主看中纷纷出高价租地用于非农或非粮油生产经营，导致了部分土地股份合作社的瓦解。

4.5.2　成都市土地股份合作社发展的区域差异

成都市14个郊区县（市、区）的地理区位、地形地貌、经济结构及发展水平、土地及其他农业要素禀赋不同，农业产业结构也存在较大差异，加之各县（市、区）对农村集体土地制度创新的思路不同，在推进农业发展的方式上亦有区别，导致土地股份合作社在不同县（市、区）的发展状况差别巨大，区域分布极不平衡。成都市2011—2014年各土地股份合作社在14郊县（区、市）的分布如表4-3所示。

土地股份合作社内部治理机制研究——以成都市土地股份合作社为例

表 4-3 成都市 2011—2014 年土地股份合作社在 14 郊县（区、市）的分布*

地区	2011			2012			2013			2014		
	合作社（个）	入社农户（户）	入社土地（亩）	合作社（个）	入社农户（户）	入社土地（亩）	合作社（个）	入社农户（户）	入社土地（亩）	合作社（个）	入社农户（户）	入社土地（亩）
龙泉驿	0	0	0	0	0	0	8	116	362	24	344	1 077
青白江	0	0	0	0	0	0	22	882	2 762	22	882	2 762
新都区	58	1 888	5 853	58	1 888	5 853	23	1 364	4 227.17	0	0	0
温江区	36	1 508	4 299	36	1 508	4 299	0	0	0	0	0	0
金堂县	52	2 148	6 725	78	2 644	8 275	98	4 576	14 323	110	5 285	16 543
双流县	9	341	1 211.44	9	341	1 211.44	7	298	1 211.44	7	298	1 211.4
郫县	0	0	0	0	0	0	46	1 947	6 096	0	0	0
大邑县	0	0	0	0	0	0	60	2 353	7 367	0	0	0
浦江县	51	1 469	4 568.4	51	1 469	4 568.4	11	231	723.9	0	0	0
新津县	12	414	1 297	12	414	1 297	35	1 700	5 322.6	35	1 700	5 322.6
都江堰	0	0	0	0	0	0	21	1 064	3 329	0	0	0
彭州市	31	1 022	3 200	67	2 866	8 972	78	4 120	12 896	0	0	0
邛崃市	0	0	0	0	0	0	65	2 596	8 126	0	0	0
崇州市	412	18 140	56 780	580	33 600	81 200	856	51 387	161 300	1 099	63 931	198 500
合计	661	26 930	83 933.8	891	44 730	115 675.8	1 340	72 634	228 046	1 297	72 440	225 416

* 数据来源：成都市农委 2011—2014 年土地股份合作社调查表整理。

由表4-3可知,2011年和2012年成都的龙泉驿、青白江、郫县、大邑、都江堰、邛崃6个县(市、区)没有建立土地股份合作社,其余8个郊县(市、区)建有土地股份合作社。2013年除温江区外,其余13个郊县(市、区)建立了土地股份合作社。2014年则只有龙泉驿、青白江、金堂、双流、新津、崇州6个县(市、区)的土地股份合作社还在继续发展,而其余8个郊县(市、区)已没有土地股份合作社。在14个郊县(市、区)中,金堂、双流、新津、崇州4县(市、区)的土地股份合作社一直稳步发展,龙泉驿、青白江两区的土地股份合作社2013年起步后趋于稳定,新都、蒲江、彭州3郊县(市、区)的土地股份合作社经过2011—2013年缓慢发展后被淘汰,温江区经过2011年和2012年的试验,郫县、大邑县、都江堰市、邛崃市经过2013年的试验后放弃了土地股份合作社。从各郊县(市、区)土地股份合作社发展过程可知,其发展轨迹、发展速度、发展规模上都存在巨大的区域差异,表现出极大的区域不平衡。

从表4-3还可以看出,成都市土地股份合作社在个别县(市)高度集中,年际间虽小有变化但变动不大。2011年全市的661个土地股份合作社中,崇州市占412个,占62.33%,新都区占58个,占8.77%,金堂县占52个,占7.87%,彭州市占31个,占4.69%。2013年全市的1 340个土地股份合作社中,崇州市占856个,占63.88%,金堂县占98个,占7.31%,彭州市占78个,占5.82%。2014年全市的1 297个土地股份合作社中,崇州市占1 099个,占84.73%,金堂县占110个,占8.48%,新津县占35个,占2.7%。全市入社农户和入社土地面积的分布,大致与土地股份合作社的分布相类似。到2014年年底,成都市土地股份合作社主要集中在崇州市且发展势头不减,其次是金堂县保有一定规模但发展缓慢。

4.5.3　成都市土地股份合作社的发展绩效

成都市土地股份合作社产生后经过4年发展,在农村集体土地制度创新上闯出了新路,在农业生产组织创新和新型农业生产经营主体培育上积累了经验,在维护农民土地权益上探索了有效的手段,在保证农地充分有效利用和满足粮油生产用地需要上形成了一定的机制,在促进农业发展和现代化转型上试验及总结了实现途径,在提高农业劳动的生产率和土地产出率上取得了显著进展,在增加农民农业收入上获得了较大突破,发展绩效巨大。

成都市通过发展土地股份合作社,将分散在农户手中的承包地集中起来,将农户分散的小规模生产转化为合作社的集中适度规模经营。2014年成都市的土地股份合作社1 297个,入社农户72 440户,入社土地225 416.04亩,这意味着通过自愿入社,将72 440个超小型农业生产主体(农户),组合成1 297个具有适度规模的农业生产经营新主体(合作社),经营的土地面积由每个农户平均3.11亩增加到每个合作社平均178.08亩。农业生产经营主体随之由农户变为土地股份合作社,农业亦由农户分散小规模生产转化为合作社组织化的规模生产经营,实现了农业生产组织的创新和新型农业生产主体的培育。土地股份合作社土地的委托经营及生产经营规模的扩大,使入社土地全部得到开发利用,复种指数也恢复到200%,优良品种技术、配方施肥技术、先进栽培技术得到普及,耕作、播种(栽插)、收割基本实现了机械化,农业劳动生产率和土地产出率大幅提高。土地股份合作社的民主管理,使入社农户在土地使用方向和收益上有了决定权,更好地维护了农户的土地权益。

成都市土地股份合作社发展4年多来,其主要粮食作物水稻和小麦的单位面积产量显著提高,入社农户的土地分红水平显著增加,表4-4反映了这一变化。其中,1斤=0.5千克(500克),下同。

表4-4　成都市土地股份合作社耕地产出和农户土地分红平均水平*

	2010	2011	2012	2013	2014
小麦单产(斤/亩)	987	1 075	1 197	1 134	1 188
水稻单产(斤/亩)	1 092	1 186	1 310	1 290	1 305
入社土地基本分红(元/亩)	0	500	500	500	500
入社土地超产分红(元/亩)	0	396.20	539.03	550.97	563.60
入社土地总分红(元/亩)	0	896.20	1 039.03	1 050.97	1 063.60

*数据来源:成都市农委2011—2014年土地股份合作社调查表整理。

由表4-4可知,成都市土地股份合作社2011—2014年的小麦亩产比农户分散生产的2010年分别提高8.92%,21.28%,14.89%,20.36%,水稻分别提高8.61%,19.96%,18.13%,19.51%,有力促进了农业生产,特别是粮食生产发展。随着生产的发展,农户入社土地的分红水平逐年上升,与农户分散经营时种植粮食每亩获利500元左右相比,2011—2014年农户入社的每亩土地分红(等同于盈利)分别提高79.24%,107.81%,110.19%,112.72%,显著提高了入社农户的农业收益,使农民获得实惠。

同时,未加入土地股份合作社的农户在合作社成立这4年多以来,其主要粮食作物水稻和小麦的单位面积产量随着生产技术与现代化机械利用率的提高也有所提高,农户的土地产出水平也有一定增加,表 4-5 反映了这一变化。

表 4-5　成都市未加入土地股份合作社农户耕地产出和效益平均水平*

	2010	2011	2012	2013	2014
小麦单产(斤/亩)	987	998	1 025	1 062	1 078
水稻单产(斤/亩)	1 092	1 123	1 160	1 194	1 207
土地总收益(元/亩)	677.54	796.13	929.05	952.97	998.62

*数据来源:成都市农委 2011—2014 年土地股份合作社调查表整理。

　　由表 4-5 与表 4-4 对比可知,未加入土地股份合作社的农户,因为现代农业技术和机械技术的推广,土地产出率与实际收益都比以前有所提高,但与加入土地股份合作社的农户相比较,其产出率与实际收益还是略有不及。同时,加入土地股份合作社的农户并不需要再将家庭劳动力投入到土地生产经营中去,解放了自家主力劳动力,或外出务工或留乡创业。虽然未加入土地股份合作社的农户家庭也存在外出务工或留乡创业的情况,但投入时间是两者不能比的。因为,加入土地股份合作社的农户不仅在土地产出和实际收益方面比未加入合作社的农户略高,另外最重要的是解放了自家的主力劳动力,使其能为家庭收入作出更大的贡献,不像以前束缚在自己土地的农业生产上,使入社农户家庭真正做到了增收且并没有撂荒或粗放经营承包地。

第5章　成都市土地股份合作社主体权益关系治理机制

John Peterson 曾经提出过多层次治理理论的治理机制,其中涉及多个主体关系之间的博弈与平衡。王诗宗认为,多层次治理是与多种工具使用结合在一起,治理可以"通过规制、市场签订合约、回应利益的联合、发展忠诚和信任的纽带等"不同的工具来实施已达到目的。在成都市土地股份合作社的 3 类内部治理主体关系中,一定是多层次的,其中,内部治理机制的关键是合作社与入社农户,而治理的承载机构是合作社组织,职业经纪人是参与主体。但三者一个都不能少,而且是互为构成主客体的治理关系,只有三者构成完整的多层次治理,才能形成合作社主体权益的良性治理机制。

5.1　土地股份合作社的主体及权益

成都市土地股份合作社作为一类经济组织,它具备了股份经济和合作经济的双重性,类似于独立的法人实体,其内部治理机制具有相对独立性,而其内部治理结构中只有入社农户、合作社机构和职业经纪人 3 类主体构成。在探讨合作社内部治理结构、收益分享机制中必然是这 3 类主体之间的关系才构成了合作社内部治理的基础,除此以外,没有其他类型的主体是合作社内部治理的主体构成。所以,在探讨成都市土地股份合作社内部主体权益关系的治理时,无须也不能考虑其他类型的主体。

5.1.1　土地股份合作社的主体

此处所说的主体,是指微观经济学领域的经济活动参与者,经济活动者根据信息获取、计算的有限理性和由此带来的各种成本,是人们在进行经济决策时最主要坐标,坐标中的参与者就是经济活动的主体。此处合作社的主体就是与合作社治理机制有关的利益关联者,主要包括入社农户、合作经济组织、职业经纪人3类主体,其中:

①入社农户和组建的股份合作组织是主要的主体,也是内部治理的核心力量。但入社农户与合作社有着不同的特征表现,主要体现为:一是入社农户是一个分散的经济个体,以户为单位的生产经营组织,市场化意识比较淡薄,不是独立的法人实体,也没有经过注册形成公司化的运行模式。在这些农户身上小农意识比较突出,半自给特点突出,营利性并非表现的最大化,即不一定是或者大部分不是理性经济人,自然表现出的特征与合作社作为市场经济主体组织的一种形式差异非常大,突出的个体特征是相对弱势。

②土地股份合作社是农户在自愿互利的基础上组建的农业生产经营组织,这一经济组织既具有合作经济组织的特征,也具有股份制企业的主要特点。无论哪种形式,合作社都以市场为导向,以经营收益最大化为目标从事经济活动。即便入社农户和合作社的基本诉求是一致的,即为了实现入社农户的基本收益加上超产收益分享,但却难以界定入社农户一定是为了实现收益最大化,入社农户也可能只是次优选择,只是维持其基本收益或者说不低于独自经营的收益,但合作社作为代理入社农户土地的市场经济主体,首先要求的是如何实现组织的收益最大化,使这些收益能够让入社农户分享更多的超产收益。除此以外,合作社还有另外的利益诉求,即在政治上得到政府的认可,实现基层的良好治理,这是农户所不能涉及的独特诉求。

③土地股份合作社招聘的农业生产经营职业经纪人以收益最大化为目的,即入社农户又非单纯的入社农户,因为一旦代理了合作社的土地经营权,职业经纪人就不具备了社员的管理权和部分决策权,所以,他们不能再成为管理者的一分子。但因与生产经营活动开展及收益分享关系密切,也成为内部治理的参与者,是合作社与入社农户治理对象的载体。一方面,职业经纪人直接负责合作社土地的利用与农业生产经营,并从生产经营收益中兑现入社农户的土地分红,承担合作社生产发展和社员收入增加的责任;另一方面,职业经纪人要从生产经营中获取利润,生产经营决策和收益分配办法对其利益有很大影响,是利益的相关方。因此,职业经纪人的特征非常明显,就是想方设法地提高生产经营的超产收益,这也是他们的唯一诉求,与入社农户与合作社组织有着明显的区别,这种合

作社内部治理机制的制度设计促使了职业经纪人的特征与诉求相对比较单一。

5.1.2　土地股份合作社主体的权益

　　成都市土地股份合作社的入社农户是土地使用权的拥有者,与其他农户一起享有对合作社土地使用的决策权、收益权和监督权。这三大权益根源于农户对土地具有不可剥夺的承包权,这是入社农户拥有这三大权益的根本所在,是国家在土地承包经营权的制度设计赋予的,不可转让和剥夺。所以,农户对土地的占有和支配形成了他们对土地使用的决策权、收益权和监督权。其中,土地的占有和支配使入社农户对土地使用权决定是否交给合作社代理,是否由合作社交给职业经纪人代理,或者说交给哪些职业经纪人代理。进而是收益权的实现,入社农户之所以把土地交给合作社代理,因为土地的占有和支配可以使土地的经营实现收益,保证土地收益权的实现。要保证土地收益权的实现,必须对土地的代理者—合作社与职业经纪人进行监督,根据合作社制定的内部治理机制进行监督,确保自身权益的实现,但不是单一的监督主体,因为成都市土地股份合作社实现的内部治理机制的一个优势是双重委托代理。所以,这些权益的实现需要与合作社共同分享。

　　因此,合作社作为入社农户的代理人,享有对入社土地的管理权、监督权、收益权。土地股份合作社虽由入社农户自愿自主建立,但一经建立,它便会产生相应的组织管理机构和人员,并承担合作社发展、维护和增进入社农户权益的重任,即合作社的第一主体权益是管理权,有管理权就一定要有监督,否则管理一定是不到位的,所以它的监督权也是至关重要的。同时,作为一个机构,合作社需要一定的收益分享来保证其运转通畅。因此,规范管理机构和人员的行为,避免其机会主义倾向及违规操控,防止其非理性选择及自利图谋,合作社本身就应当具备监督权,同时也有少量的收益权(主要是指提留收益和政府奖励收益),使这三权能够相互配合,为合作社的顺利运转奠定基础,也是前提保障。它根源于入社农户赋予合作社作为其权益维护的代理,是入社农户相关权利的让渡,也是作为经济组织的内在要求,"政府立法部分的适当权限就是通过有关福利的公共法规详尽地处置有关新生制度的风险产生,并以此调解私人权利界限,协调各方利益冲突"。

　　而职业经纪人从事农业生产经营的目的是为了获取盈利,收益权是其权益的主要体现。其中,包括超产收益和政府生产补贴独享的收益,这源于对合作社土地的代理,由代理的合作社土地延伸而来的就是收益权的实现,也是职业经纪人的终极目的,它的实现是由职业经纪人代理土地的生产决策权和管理经营权(与入社农户决策权完全不同)为基础。如果没有土地代理权的前提,就不会有收益权的实现。但是,其必须在内部治理机制的约束下进行收益权的实现,防止职业经纪人在生产经营抉择上更倾向于选择提高产出的项目,在生产经营活动中更注重追求高产出和低成本,在利益分配上更希望占有较高的份额,即首先是收益权的实现。职业经纪人的这些诉求与入社农户的权益需求、合作社的土地使用要求等不相一致,甚至可能发生矛盾和冲突,从而造成生产经营不正常、主体相互争利的不利局面。在这种情况下,规范职业经纪人的行为,将其引入与其他主体互利共赢的轨道,就需要职业经纪人具备生产经营权,能够根据实际情况和利益分享机制来对农业进行生产经营,最大限度地实现超产收益分享。

5.1.3 土地股份合作社主体的权益关系

成都市土地股份合作社主体权益之间存在以下3种关系:

①一致性就是指合作社3类主体权益的交集、共同目的,即农户通过入社,合作社通过代理入社农户土地,职业经纪人通过代理合作社的土地的共同目的就是谋求更多权益(特别是经济利益),这一点是相同的、一致的和无差别的。但要以入社农户的收益权为最优先的原则,即农户优先分享的一致性是合作社合理存在的前提条件,这是合作社的规章制度首先规定了的,不容置疑。同时,也表现为不同农户在谋求自身收益权时,与其他主体的诉求存在协同性(一致性),否则,各自按照自己的诉求表达且不协同,合作社也不会建立,目的是使三方都有利可图,达到一个三方认同的收益关系。

②差异性是指不同主体的土地权益目标存在差异,入社农户既想增加基本收益分红的额度又想提高超产收益分红的比例,合作社也想增加提留的比例收益分享,而职业经纪人却既想降低基本收益分红的固定额度,又想降低超产收益分红的固定比例,同时,还想农地非农用,以增加其最大化收益。再者,遇到自然灾害等状况时,农户与农户、农户与合作社、农户与职业经纪人之间的关系是有差异的,一些入社农户试图坚持分享一定额度的超产收益,不能降低,受损部分应该完全由职业经纪人承担;一些入社农户认为遇到自然灾害时超产部分可以降低,但不能没有限度;而另一些入社农户则认为遇到该类状况可以通过三方协商的方式解决。这种差异性只有通过合作社的内部治理机制实现确定,然后遵照机制或强制执行或协商执行。但合作社作为"中间组织"需要协同各方利益,让受损者尽量止损,避免一头受损、一头受益极端情况的发生。

③互竞性主要体现在一个土地股份合作社的入社农户少则数十户,多则上百户,每个农户的家庭情况不同,诉求也不尽相同,特别是在合作社中谋求管理者地位的竞争和争当合作社职业经纪人的竞争,入社农户之间存在着互竞性,也是为了最大化自身利益。因此,当入社农户与其他主体的诉求存在互竞性时,他们的意愿便很难统一,行动也很难一致,进而导致土地股份合作社生产经营决策效率低下甚至无效率,生产经营活动难以有效开展,收益分配难以正常进行。为保障不同主体的正当权益,需要一套完整的内部治理机制以实现主体权益间的平衡状态,防止"各种利益之间之所以发生冲突和竞争,就是由于个人和这些集团、联合或社团在竭力满足人类的各种需求、需要和愿望时所发生的竞争"丛林法则的上演。通过机制治理,使每个入社农户都拥有监督权和管理权,并对入社农户的主体权益进行规范,以此保障入社农户收益权的实现。它们在整体上是不可分离的,入社农户、合作社和职业经纪人的收益权是同一个命题,全部围绕着收益权的实现设定的治理机制,只是分工不同。为了更好地实现内部治理机制,各个不同的权益主体享受不同的权益,这是制度设计的内在诉求。土地股份合作社作为由多主体组成的集体经济组织,其权益既包括单主体的特定权益,也包括多主体的共享权益,内部权益关系较为复杂。这种复杂性一方面源于相关主体的"搭便车"及机会主义行为。由于这一复杂性,加之权益与权利、地位、收益等实际利益联系在一起,主体间的权益竞争协调难度很大。土地股份合作社3类主体的身份不同,充当的角色和发挥的作用不同,各自都拥有特定的权益,如入社农户的土地权益、合作社组织的管理决策权益、职业经纪人的劳动收货权益等。这些权益有的属法律或政策所赋予(如农户土地权益),有的属内部规制所赋予(如合作社组织的管理决策权益),有的属社会公理所派生(如职业经纪人劳动收益权益),都为社会所认同。在土地股份合作社内部,各主体都将拥有自己的特定权益视为理所当然,不容他人损害,内部治理应当顺应和满足主体的这一基本要求。成都市农村土地股份合作社对入礼农户、职业经纪人和合作社权益分享的治理制度设计毫无疑问可以借鉴孟德斯鸠分权治理理论,即便他的研究重点是行政分权问题,但它是任何制度治理设计的一个参照标本。

5.2 土地股份合作社主体间的权益制衡

三大主体在权益诉求上既有一致的方面。也有互竞甚至相悖的方面,只有在入社农户之间、入社农户与合作社之间、合作社与职业经纪人之间形成双向的制衡机制，才能规范各主体的行为，使其在追求自身权益时不侵蚀和损害其他主体的正当权益，并使他们的合法权益达到均衡。其目的是保证3类主体的权益不受侵占，防止少数人（或是合作社的管理者，或是部分强势的入社农户等）控制合作社，使各方权利不均衡，导致一方的权利比另一方大。因此，制定制衡规则就是优先任务，用规则制衡多方的权利边界，才是合作社权益制衡机制的保障。

5.2.1 入社农户对土地股份合作社其他主体的权益制衡

成都市土地股份合作社主体间的权益制衡实际上是一种三方相互制衡机制。入社农户对合作社代理其土地的用途和收益权进行制衡，对合作社代理土地的附属权利管理权和监督权进行制衡。同时，对职业经纪人生产经营权和收益权进行制衡，保证土地农用，保证职业经纪人收益权的边界不能随意拓展，如实展示其收益状况。具体表现在：

①入社农户通过监督权对职业经纪人行为的制衡。管理机构和人员也是利益主体与其他主体（主要是入社农户）在诉求上同样存在既有一致性又有差异性的情况，特别是管理人员也是入社农户的条件下更是如此。当管理机构和人员的管理决策行为与其他主体的诉求相悖时，各主体的意愿便不可能统一，行动也不可能一致，可能导致合作社生产经营决策无效率，生产经营活动难以正常进行，收益分配出现混乱。因此，就需要入社农户的决策权投票完成，即合作社制度规定的所有重大事项由入社农户共同决定。首先保证入社农户的收益最大化，如果出现了损害农户利益的经济行为发生，农户可以通过合作社社员大会等形式更换管理机构人员，并且入社农户随时监控他们的监管能力、工作努力程度，注重提升土地股份合作社的效益，实现对合作社组织的权益制衡，维护入社农户的权益。

②入社农户通过入社和退社机制对土地股份合作社成立动机及权益实现制衡。成都市土地股份合作社章程规定合作社是非营利性集体组织，没有利润，合作社只能提取总收益的10%作为提留和政府管理补贴，其他收益不再参与分享，合作社作为一个组织机构，是一个农户内在需求的或者联合而成的公益型"中间介体"，机构的管理者和负责机构运行的人出自该组织的农户代理人，他们在利益分割和利益共享方面已经达成协议，在动机上被限定在一定的范围内，这些限制通过入社社员的监督权实现，就是为了保障农户的土地权益，入社农户参与

管理和决策、重大事项由入社农户共同决定(而不是合作社组织本身),形成了入社农户与合作社之间的制衡。为制衡合作社权益按事先约定的规则执行,入社农户可以查询合作社账目和财务会计报告,也可以对合作社进行咨询、批评等,其目的是防止合作社利用自身信息不对称优势扩张组织的收益比例,侵占入社农户的权益,否则入社农户可以采取退社的方式对其进行制约。为规避风险,成都市土地股份合作社通过采取合作社土地先期限定机制、职业经纪人用地计划报批机制进行土地用途系统管控路径。根据《中华人民共和国土地管理法》规定,农用地只能用作农业生产,即"政府立法部分的适当权限就是通过有关福利的公共法规详尽地处置有关新生制度的风险产生,并以此调解私人权利界限,协调各方利益冲突"。由于农用地的经济效益与建设用地差异巨大,土地受让人为了追求利益最大化,合作社可能私下里违反入社土地使用合同,擅自开发和建设,甚至恶意改变土地用途。成都市土地股份合作社限定必须严格遵守对农地农用、粮地粮用原则,严格限定土地的使用范围,坚决遏制土地经营权变更或恶意篡改,从而有助于推动合作社的健康稳定发展。

③入社农户对合作社监督权的制衡。入社农户将承包地使用权委托给合作社,是为了更好保障自己的土地权益,为防止合作社损害自己的土地权益,入社农户通过章程规定的监督权对合作社的行为加以制衡。农户以土地承包经营权入股,每亩折100股,只要户籍在该行政村或村民组,产权关系清晰就可以申请加入合作社,然后经股东(农户)大会审核通过,农户正式加入合作社,这样合作社就产生了。不过,农户自愿加入合作社不是无条件的,也不是凭借口头宣传,而是通过签订契约,在一系列农户认可的制度约束下,农户才会加入合作社,合作社才正式具备存在的合法性,即合作社有一套行之有效的制度可以保障入社农户的权益,让农户可以预期自己的收益,且能够得到执行。这样加入合作社就意味着农户对合作社的存在具有制衡的制度保证,"一种新制度的创立、变更及演化,旧的制度被打破,新的制度被确立,这就是制度变迁。其核心是一种效益更高的制度对另一种效益低的制度的替代过程,表现为制度由非均衡到新的均衡的变化",这是合作社存在的先决条件,即要实现农户自愿加入合作社,必须有足够的吸引力,有行之有效的制度设计,不会产生任何一方利益受损的情况,才会产生农户自愿入社,进而保证了合作社的存在,这是一种博弈的制衡体现。

④入社农户通过协商与投票机制对土地股份合作社运行的制衡。合作社是一个总揽全局、运筹帷幄、肩负着重要使命的组织机构。如果合作社不能履行相关职责,入社社员可以通过投票的方式更换相关不称职者或者懈怠者,并对其进

行制约。更进一步,一旦合作社的运行机构不能保障入社农户的权益,根据制度规定,农户可以选择自由退社,通过退社的方式,对合作社运行机制形成制约,达到制衡的作用,致使合作社的运行机制一定要以实现入社农户受益为第一诉求,然后兼顾职业经纪人收益和自身收益,否则合作社存在的合理性就会受到质疑和挑战,甚至导致解体,即制度属性决定了人与人的相互关系,合作社作为制度的载体形式就是要实现农户、职业经纪人等个体间人与人的收益共享均衡问题,必须有与权利主体相抗衡的力量,对权利施以监督和制约,确保权利在运行中的正常、廉洁、有序、高效,才能保证各方利益均衡。通过合作社章程,明确入社农户和合作社的权利、职责和义务,规定分享权利、履行职责及义务的程序、方式,在入社农户和合作社之间形成双向制衡。

5.2.2　土地股份合作社组织对其他主体的权益制衡

合作社对入社农户的收益权、决策权、管理权和监督权进行制衡,保证合作社的正常运行和职业经纪人的正常生产经营,防止入社农户漫天要价和肆意干涉职业经纪人的生产经营活动,也对职业经纪人的生产经营权进行制衡,保证职业经纪人按照合约进行农事活动和如实上报生产经营收益状况。具体表现在:

1) 合作社对入社农户 3 种权益的制衡

成都市土地股份合作社对入社的农户进行了一系列内部治理机制的创新,创新的根本原因是合作社作为入社农户土地使用权的代理人,负有充分、有效的利用土地,促进农业发展,满足农户分红要求的责任,要在土地管理和经营方面做出正确决策,且决策要受到入社农户多种诉求的干扰,如果不对入社农户施加一定约束,正确的决策很难做出,甚至影响土地股份合作社的正常运行。保障农户的收益权、决策权和监督权的同时,又要对其 3 种权益进行制衡。

①合作社对入社农户收益权的制衡。以土地承包经营权入股,一亩折合100 股,按股受益,收益的组成部分只有基本收益分红和超产收益分红(比例是5∶5)两个部分,合作社章程明确规定入社农户的收益权不包括生产补贴分享等其他收益形式,且要除去合作社 10%的提留收益,其目的是防止农户对职业经纪人生产补贴独享的奢想①。按照职业经纪人理性行为,制度规制不到位,入社农户有可能拒绝交纳合作社运行的提留收益分享。否则,入社农户很可能按照所

---

①这是理性经济人的经济行为共同遵循的规律性规则。只有制度才能有效地使其在合理的范围内从事经济活动,这是其他安排不能解决的问题。

有收益总额进行分享计量,最大化增加自己的福利比例,以牺牲合作社的提留部分为前提,甚至会吞噬职业经纪人生产补贴独享的一部分收入。

②合作社对入社农户决策权的制衡。成都市土地股份合作社赋予了入社农户选择职业经纪人的决策权,但从收益分享结果反作用于其决策权。一旦决策失误或者不正确,以至于超产分红收益受损,甚至基本收益分红受损。这种以其收益权受损为代价的制度设计促使入社农户对决策权行使的谨慎度,防止入社农户可能因为熟人关系或者信息不对称形成的乱投票、拉票选择职业经纪人的行为,从入社农户的根源诉求上制约了入社农户的决策权,使之不能肆无忌惮地投票表决,以收益为载体,以表决为手段的路径形式对入社农户决策权进行有效制约。奥尔森的利益集团理论对此有深刻的揭示,投票者首先注重的是本身的利益诉求,防止自身利益受损的办法就是投票选择的正确性。

③合作社对入社农户监督权的制衡。入社农户在制度设计上被赋予监督合作社运行和监督职业经纪人是否按照合约执行的权益,其目的是最终达到权益制衡,保证入社农户基本收益分享和超产收益分享的权益。成都市土地股份合作社从制度上规定,一旦入社农户选择了职业经纪人,只能对其是否按照合约进行生产经营活动和努力程度进行监督,监督其不符合契约规定的经营方向、土地用途、财务处理等,至于职业经纪人怎样经营,经营的方式、手段则不受入社农户监督权制约,即入社农户不能干涉职业经纪人的生产经营过程。其目的是防止入社农户对自己的监督权过分使用,做了超出制度设计范围的事项,滥用权利会损害集体福利,包括农户的经济利益。

④合作社对入社农户入社动机和权益实现的制衡。入社后如果对合作社的组织管理和对职业经纪人的监督置之不理,如果放弃社员大会中重大事项的投票决策权,他们的收益分红可能达不到预期,甚至基本收益分红受损,章程规定合作社不能越俎代庖,实现入社的动机与义务相结合。入社农户可以查阅股东大会记录、财务会计报告,对合作社的工作提出质询、批评和建议,以保证自身的分红收益,但农户入社后要支持合作社土地开发、储备和管理,服从统一规划,统一调整,不得损害合作社的共同利益。同时,入社农户要履行入社的决策权和监督权等制度约束,实行权益与履行义务的相互匹配制衡局面,即入社农户在土地股份合作社的权利与义务构成土地股份合作社发展的制衡机制。其根本原因在于成都市土地股份合作社"是对传统合作社的机制创新,它是在保持合作制基本特征并吸收股份制在要素配置和效率方面的优势而形成的经济组织"。入户农民因对现实农业模式收益不满足,他们就有动力通过向新制度的过渡而提升

土地及相关生产要素禀赋的收益预期,入社农户通过机制创新而获得的预期收益。

2)合作社对职业经纪人的制衡

①合作社对职业经纪人生产经营计划、成本和产出预算的审核制衡。在成都市土地股份合作社当中,职业经纪人的生产计划、成本和产出预算在制定完成后,都需要上交给合作社审核。然后,由合作社提交给社员大会对职业经纪人的生产计划、成本和产出预算进行审核表决。农户根据自己对土地的基本要求和产出期望审核职业经纪人的生产计划、成本和产出预算。如果大多数农户认为职业经纪人制订的生产计划、成本和产出预算符合他们对土地的基本要求和产出期望,则投票表决并交由职业经纪人实施。反之,生产计划、成本和产出预算存在不合理的部分,则需要在社员大会上进行讨论,并将不合理的部分告知职业经纪人,责令进行调整。职业经纪人重新调整生产计划、成本和产出预算中农户认为不合理的部分,直到社员大会大多数农户审议投票表决通过为止。这是防止职业经纪人的个体理性和自利的行为损害集体利益,"除非一个集团中人数很少或者除非存在强制或其他某些特殊手段使个人按照他们的共同利益行事,有理性的、寻求自我利益的个人不会采取行动去实现他们共同的和集团的利益"。由于非人为的不可抗因素影响既定计划的实施过程往往会遇到阻碍,尤其是在遭遇重大自然灾害或者大市场危机影响时,职业经纪人的计划很难继续实施,且预定目标难以实现时,紧急召开社员大会,并在社员大会上向全体社员进行详细、完备的说明,得到社员大会大多数成员理解和认可后,重新修改、审核计划,解决实际困难,不管是"保底分红,固定货币分红,以大米等实物计价分红",一定的协商制度在成都市农村土地股份合作社中的主要作用是通过建立一个人们相互作用的稳定的(不一定是有效的)结构来减少不确定性,同时意味着一种制约。这样的方式还能够保证成都市土地股份合作社既定制度的切实实施,保证合作社长期稳定的发展。对职业经纪人对代理合作社土地生产经营行为和权益实现进行制衡,其目的是从根本上保障入社农户的收益权和职业经纪人代理土地的收益权,同时推动合作社的发展,其手段主要是合作社组织投票决策和监督实施。

②合作社对职业经纪人土地用途的监督机制制衡。土地股份合作社把土地从自愿入社的农户手中集中过来,再将土地经营权委托给职业经纪人,通过其管理机构董事会、监督机构监事会可以对职业经纪人的用地进行审查监督,控制农

地农用得到切实的执行,以保证合作社对委托土地经营权的控制和对职业经纪人用地的监督制衡,得到大多数农户投票认可后方能付诸实施。

③合作社对职业经纪人生产经营活动的监管和扶助制衡。合作社要监管职业经纪人制订的生产经营计划、成本预算、产出预算是否在秋播开始前的9月份完成各项计划,并组织提交社员大会讨论、修改和完善。然后,对职业经纪人实施阶段的生产活动进行监管,监管职业经纪人是否按照社员大会审议并通过的既定生产计划、成本和产出预算开展生产经营活动,且职业经纪人是否遵循了相关法律的各项规定,开创性地采取了"边引进,边培育,边扶持,边督导"的方式将职业经纪人的招聘与自我培养相结合的机制,通过将农户与职业经纪人的生产经营活动相结合,实现对职业经纪人的监督。同时,合作社履行出资人(集合农户的土地资本)职责,采取基于年度业务计划的职业经纪人经营过程管控,并对职业经纪人经营过程中的具体困难予以帮扶。不是无条件地资助和减免收益分享等,而是在职业经纪人需要合作社信息沟通、市场发展、政策解读等方面给予帮扶,这种帮扶也是对职业经纪人代理合作社土地的制衡执行过程,实质上这是股权理论的内在机制设计对职业经纪人(职业经纪人)的强力监督,最大化防止职业经纪人在自利的驱动下,为追求个人利益采取损害入社农户利益的行为。

5.2.3 职业经纪人对土地股份合作社其他主体的权益制衡

职业经纪人不能够仅仅被制衡,还要对入社农户与合作社的各种权益进行制衡,保证其生产经营活动在正常范围内不受无故干涉。职业经纪人是成都市土地股份合作社内部治理机制的一个主体,它也要对其他两类主体反制衡,主要体现在以下几个方面:

①职业经纪人对合作社管理权、监督权、收益权的制衡。职业经纪人通过生产经营合约机制对合作社监督和管理权进行制衡,以保证自身的收益权,包括超产收益分红和政府补贴收益独享了为了更好地发展合作社。如果自身的权利被损害了,他们可以通过退出合约的方式使其他两类主体的权益同样受损,特别是对监督权和管理权是否被滥用。因为权益一方多必然意味着另一方少,也意味着一方收益,另一方受损。另外,合作社协商机制的主要内容是关于入社农户的超产收益分享问题。由于非人为的不可抗因素影响既定计划的实施过程往往会遇到阻碍,尤其是在遭遇重大自然灾害或者大市场危机影响时,职业经纪人的计划很难继续实施。当预定目标难以实现时,紧急召开社员大会,并在社员大会上向

全体社员进行详细、完备的说明,得到社员大会大多数成员理解和认可后,重新修改、审核计划,解决实际困难。不管是"保底分红,固定货币分红,以大米等实物计价分红",一定的协商制度在成都市农村土地股份合作社中的主要作用是通过建立一个人们相互作用的、稳定的(不一定是有效的)结构来减少不确定性,同时意味着一种对合作社管理权和监督权的制约,防止合作社为了民意需求而强制要求职业经纪人完全按照原比例分红的情形执行。职业经纪人只要完成合作社10%的提留合约制约,其超产收益分享的50%和政府补贴独享必须独享,合作社不能随意变更合约规制,也不能随意要求其他主体再次切分职业经纪人的这部分收益。如果其生产收益权被挤压或者得不到保障,他们可以通过退社的方式维护自身的利益,这样就能够保证对合作社的管理权、监督权进行制衡,即不能倾向于维护入社农户的利益而薄职业经纪人的收益,也能够防止入社农户随意更改或者侵占职业经纪人的合理收益边界,形成了在相对固定的边界范围内实现彼此制约,否则合作社就不是完整的一个制衡组织,那么合作社也就不成为合作社了。

②职业经纪人对入社农户收益权、决策权等权益的制衡。职业经纪人是合作社招聘而来的,他们具有入退社自由权,这个权益保证了对入社农户收益权、决策权的制衡。职业经纪人与入社农户之间的制衡机制手段就是合约机制,按照规定的合约,优先保证入社农户的基本收益分享,再考虑入社农户超产收益分享的45%,就不能再干涉或者侵占经纪人的生产收益,无论其收益的多少、额度的大小都是职业经纪人的收益独占,特别是政府的生产补贴,这是合作社章程已经明确的。即便入社农户拥有决策权,也不能通过社员大会等形式重新界定收益分享的额度和比例合约,否则职业经纪人可以通过退社的方式使合作社的生产经营停滞,出现"一损俱损"的局面,这种局面最具备威胁性,没有一方愿意看到这种结果的出现。所以,职业经纪人对入社农户收益权、监督权等权力的制衡是可信的,它促使入社农户不能对职业经纪人收益的大小出现眼红的情形,更不允许入社农户以决策权为要挟,重新界定分红额度和比例,从而顺利地实现了职业经纪人对入社农户各种权力的制衡。

5.3 入社农户对土地股份合作社其他主体权益制衡机制

合作社是一个总揽全局、运筹帷幄,肩负重要使命的组织机构。如果合作社不能履行相关职责,入社社员可以通过投票的方式更换相关不称职者或者懈怠者,对其进行制约。一旦合作社的运行机构不能保障入社农户的权益,根据制度规定,农户可以选择自由退社,通过退社的方式,对合作社运行机制形成制约,达到一种制衡作用,致使合作社的运行机制一定要以实现入社农户受益为第一诉求,兼顾职业经纪人收益和自身收益,否则合作社存在的合理性就会受到质疑和挑战,甚至导致解体,即制度属性决定了人与人的相互关系。合作社作为制度的载体形式,就是要实现农户、职业经纪人等个体间人与人的收益共享均衡问题,必须具有与权利主体相抗衡的力量,对权利施以监督和制约,确保权利在运行中的正常、廉洁、有序、高效,才能保证各方利益均衡。马克思、诺斯、德尔蒙德所持的观点被合作社组织所证明了其自洽性。

5.3.1　入社、退社选择机制

　　根据成都市土地股份合作社章程规定,入社农户有入社和退社的权利,这种权利是为了保证入社农户的收益权,当入社农户对合作社代理其土地的收益满意或者比较满意时,他们会坚持留在合作社或者加入合作社。"本社以服务成员、谋求全体成员的共同利益为宗旨。成员入社自愿,退社自由,地位平等,民主管理,实行自主经营,自负盈亏,利益共享,风险共担,盈余主要按照成员与本社的交易量(额)比例返还"(见《成都市清江双堰土地股份合作社》,2011 年)。但是,如果他们委托给合作社的土地收益达不到(自然灾害除外)入社收益分享的要求时,章程规定他们可以通过退社的方式维护自身的权益,"第十五条　成员要求退社的,须在会计年度终了的 3 个月前向理事会提出书面声明,方可办理退社手续。其中,团体成员退社的,须在会计年度终了的 6 个月前提出。退社成员的成员资格于该会计年度结束时终止。资格终止的成员须分摊资格终止前本社的亏损及债务。成员资格终止的,在该会计年度决算后 3 个月内。退还记载在该成员账户内的出资额和公积金份额。如本社经营盈余,按照本章程规定返还其相应的盈余所得;如经营亏损,扣除其应分摊的亏损金额"(同上)。这种固定化的制度执行就是一种机制的体现,它充分保证了入社农户对合作社、职业经纪人对实现其收益权的制衡,防止了"目前我国农民专业合作社利润分配制度普遍相当混乱,主要表现在对收益分配中的股金分红、股息、利润返还的比例制定不合理。一些合作社根本就没有建立收入分配制度,社员参与合作社的交易,购买化肥等生产资料,将农产品交给合作社出售等,合作社只付给社员较优惠的价格,除此之外社员一无所获。由于分配权掌握在理事会手中,缺乏监督约束机制,少数理事长任意侵占支配合作社财产,社员共有资产受到严重损害"。

5.3.2 民主管理决策参与机制

入社农户有管理决策参与的权利,而且是票决式的参与,包括对理事会成员的选择。理事会的推举职能由入社社员大会投票表决,他们必须对土地股份合作社忠诚,要敢于担当,有责任心,否则,入社农户可以通过质疑、投票撤换等方式参与民主管理。正如《成都市土地股份合作社章程》规定:理事会工作效果和履职情况,每年接受社员大会考核。经考核,发现履职不力者、违纪者、违反章程者,由社员大会提出罢免或更换,并经社员大会投票表决通过。同时,对土地股份合作社社员的管理机构和工作人员有意见、有质疑、有建议时,可以向社员大会提交议案,或向监事会反映。这种监督是入社农户对理事会成员的一种制度制衡,因为理事会成员本身在合作社运行中拥有一定的决策权,或者对决策的影响力,如果不被制衡,他们可能只注重自我利益实现,这是亚当·斯密所谓"经济人"的本能所致表现在对合作社发展的监督和对职业经纪人生产经营的监督,以保证合作社的正常运行,对规制合作社的执行机构—理事会和监事会,"农业合作社并不一定对拥有少量非农生产者,就会失去《卡珀·沃尔斯泰德法》所规定的反垄断豁免保护,但前提条件是:这部分社员入社的原因是合作社管理疏忽或错误操作,他们不能不享有决策权"。实际上,成都市土地股份合作社的入社农户在合作社章程规定的制度范围框架内对合作社的管理决策进行深度参与,以民主的方式进行监督制衡,保护农户权益和合作社利益。

5.3.3 票决机制

入社农户的投票票决机制对合作社的股东大会、规划、契约、协商、理事会和监事会的办公活动、决策行为的合理性等有否决权,也是通过票决机制审议工作报告、财务报告、监督检查报告、财务审计报告等对合作社的机构及人员进行监督。通过票决审议认为有理事、监事等合作社工作人员不负责、不履职、不作为等现象,经股东大会投票表决罢免或更换。入社农户还通过监事会对合作社实施监管,监事会适时向入社农户公开监督检查的结果。入社农户对土地股份合作社相关运行的票决制目的是做到各方都有利益可享,均衡收益分享。保证入社农户的收益,同时提高职业经纪人的生产积极性,保障入社农户500元/亩+超产的50%,合作社10%的提留+政府管理补贴独享,职业经纪人是超产收益50%+政府生产补贴独享。如果遇到自然灾害,还可协商票决分红的额度与临时分配方案。制度设计的前提是协商的结果,是与入社农户达成的一致性结果。在最重要制度协商之后,合作社发展的重大事项就要通过票决方式决定,通过票决决定合作社生产、经营及规划、盈余分配等重大事项,是否接受农户的土地入股申请。和承办土地承包经营权入股的登记、核准、发放、变更以及红利分配等事项。每个入社社员根据自己的决策权对合作社的管理机构和工作人员有意见、有质疑、有建议等,可以向社员大会提交议案,或向监事会反映。

假设:①博弈双方为合作社与农户。根据入社农户与土地股份合作社的委托代理理论,农户有权通过社员大会参与并提出合作社管理决策的意见或建议,合作社有权或拒绝采纳农户意见,所以农户优先行动。

②农户提出意见的概率为 x,合作社接受意见的概率为 y。

③最终执行成功的概率为 p,最终的收益为 u。

④合作社与农户原本各自利益都为1,博弈一方采取肯定行动时对另一方收益的影响是+2,采取否定行动时对另一方收益的影响是-2。合作社与农户间的协商博弈机制模型1如表5-1所示。

表 5-1 协商博弈机制模型 1

		农户	
		提出意见	不提意见
合作社	接受意见	Y,N	R,Y
	不接受意见	R,R	Z,Z

而合作社内部对意见的处理博弈模型2如图5-1所示。

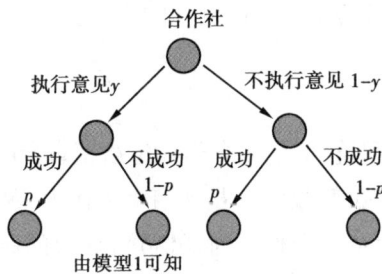

图 5-1 博弈模型 2

结果是入社农户提出的意见或者质疑被合作社接受，并给出相应答复，执行的结果比较良好，因为合作社与农户的最终收益 u_1 和 u_2 决定了合作的理性选择。

$$M \cdot A \cdot Xu_1 = x[3y - (1-y)] + (1-a)(-y)$$
$$M \cdot A \cdot Xu_2 = y[2a + (1-a)] + 3a(1-y) \tag{5.1}$$

由模型 2 可知：4 种不同协商方案下得到的收益 u_1 的公式如下：

$$
\begin{aligned}
&①M \cdot A \cdot Xu_1 = 1 + yp \\
&②M \cdot A \cdot Xu_1 = 1 + y(-p) \\
&③M \cdot A \cdot Xu_1 = 1 + (-y)p \\
&④M \cdot A \cdot Xu_1 = 1 + (1-y)(1-p)
\end{aligned}
\tag{5.2}
$$

如果土地股份合作社的管理机构人员没有认真履行其职责，社员大会通过表决罢免其资格或更换，包括票选更换理事会、理事长、监事会、监事长等。协商与票决相结合，协商是前提，票决是手段，保证了合作社的正常运行和对各方的规制，维护各方利益，形成利益共享和风险承担的利益共同体，进而内部组织交易替代外部市场交易，降低了交易总成本。成都市土地股份合作社的领导机构是社员大会，社员大会成立的前提是农户间相互协商，达成一致意见，合作社建立之后入社社员的集合体就是合作社的最高决策机构，此时主要体现的是协商。但在协商之后，凡是合作社成立之后申请加入合作社的农户，要提出申请，再通过社员大会投票表决决定是否吸纳为入社社员。这是票决环节，而且由选举产生常务性的董事会和监事会，要求董事会和监事会任职人员严格执行社员大会的决定，对职业经纪人的生产活动检查监督，工作不力者会被社员大会罢免或者更换，从制度上对此规制和威慑。这样既能保证农户的经济利益，又能维护合作社的发展，还能提高职业经纪人的生产积极性，保证合作社发展不受干扰。这就是成都市土地股份合作社协商与票决制度的优点。

1) 符号说明

董事会代表管理层利益，W 代表合作社付给董事会的工资，F 代表董事会不作为被发现时的罚款，该罚款收归社员所有。A 代表董事会作为的支出。监事会代表社员利益，M 代表董事会作为时，社员可获得的收入，N 代表董事会不作为时，社员可获得的收入，C 代表监事会的监督成本。令 $M>N, C<F, A<F$。

2) 模型建立

博弈支付矩阵如表 5-2 所示。

表 5-2　博弈支付矩阵

		监事会	
		不作为	作为
董事会	监督	$N+F-C, W-F$	$M-C, W-A$
	不监督	N, W	$M, W-A$

求解该模型的纳什均衡:当监事会选择监督时,董事会的理性选择是作为,既能维护合作社的发展,也能保证入社农户的收益分享。当监事会选择不监督时,董事会的理性选择是不作为,但相关管理人员会被罢免或更换,这种情况目前还没有发生,说明了合作社协商和票决制度设计是有效的。因此,该博弈没有纯策略纳什均衡,求解该博弈的混同策略纳什均衡,表现为董事会和监事会都选择了作为选项。令董事会以 r 的概率选择作为,以 $1-r$ 的概率选择不作为。监事会选择不作为,董事会以 $1-y$ 的概率选择不监督。

$$E(1,r) = r(N+F-C) + (1-r)(M-C) \qquad (5.3)$$

$$E(0,r) = rN + (1-r)M \qquad (5.4)$$

$$E(y,1) = y(W-F) + (1-y)W \qquad (5.5)$$

$$E(y,0) = y(W-A) + (1-y)(W-A) \qquad (5.6)$$

在混同策略纳什均衡下,有:

$$E(1,r) = E(0,r) \qquad (5.7)$$

$$E(y,r) = E(y,0) \qquad (5.8)$$

监事会中有 $y=\dfrac{A}{F}$ 的比例会执行监督,监事会中有 $r=\dfrac{C}{F}$ 的比例会选择不作为。假定选择行为不受他人影响和外界支付不变,F 在现实中变得很大,而 C 变得很小,故董事会不作为的概率很小,这是实践证明了的结论。

土地股份合作社的重大事项主要表现为社员入社、土地利用、利益分配、机制变动等方面。通过对农户加入合作社的申请审核和票决的基础上决定是否吸纳农户加入合作社,根据合作社章程规定决定该农户享有基本收益分红和超额收益分红等权益,并且一定是通过社员大会的投票决定才能实施。严格按照入社土地只能种植粮油等作物,不能变更土地的使用范畴,否则社员大会通过投票表决收回土地委托合约,且要赔付农户的经济损失。如果出现了利益分配、职业经纪人聘任或解除合同等事项,必须经由社员大会表决,对土地经营进行监管,如粮地粮用等。通过对职业经纪人招聘进行选择行使重大问题的参与权,通过统一确定入社土地分红标准维护自身经济利益,并通过"入社自愿""退社自由"的制度设计维护自己的选择权,对可能发生的机会主义行为进行制约,最大限度地维护自身应有的权益,对合作社的行为形成约束与监管,实现一种非完整意义上的委托—代理机制。但是,如果发生了特殊的、不可预测的自然灾害,如地震等,在成都市合作社各方利益都要受损的情况下,合作社则把票决制度转变为协商制度,即由合作社、职业经纪人和入社农户协商如何在受损的基础上分配收益。只需要保证入社农户的基本收益分享,合作社的提留收益可以免除,即经济学理论把各种各样的实际协商问题抽象成合作对策:两个以上的局中人面对一系列可能的结局(Outcomes)和一个冲突(Conflict)结局,如果职业经纪人和入社农户都同意接受受损后不分享超产收益,只分享基本收益,合作持续就是协商问题的最终结局。如果入社农户不接受只享受基本收益分享的结果,造成三方合作的破裂或者再次博弈或重新签订契约,冲突结局成为最终结局,造成零和博弈甚至负和博弈,但这并不是一个好的博弈结果。

5.3.4　农户响应特征及其决定因素的实证分析

本章在前面章节分析的基础上,对成都市土地股份合作社主体权益关系治理机制进行深入分析,从理论上探讨了土地股份合作社的主体及权益、主体间的权益制衡,以及入社农户对其他主体的权益制衡机制,而土地股份合作社主体权益关系的治理绩效高低,入社农户的响应特征至关重要。因此,本部分主要从农户对成都市土地股份合作社主体权益关系制衡机制的响应特征入手,在对农户响应特征统计分析的基础上,进一步分析农户响应特征的决定因素,以明确成都市土地股份合作社主体权益关系制衡机制的绩效高低及其决定因素。

1)农户对主体权益治理关系制衡机制响应特征的统计分析

农户对主体权益关系制衡机制的响应,可以用农户对主体权益关系制衡机制的满意程度加以衡量。通过入户访谈数据,样本农户对合作社主体权益关系制衡机制响应特征的统计分析如表5-3所示。

表 5-3 样本农户对合作社主体权益关系制衡机制响应特征的统计分析

单位:%

变 量	土地股份合作社					非土地股份合作社
C	总体	粮油	蔬菜	水干果	其他	
非常满意	58.32	62.11	54.33	51.27	58.26	21.35
比较满意	13.85	14.86	17.89	19.79	13.21	26.48
基本满意	18.23	18.57	17.32	17.34	18.21	33.22
不太满意	8.25	3.35	8.25	9.23	8.78	10.38
极不满意	1.35	1.11	2.21	2.37	1.54	8.57

由表 5-3 可知,样本农户对成都市土地股份合作社主体权益关系制衡机制的满意程度总体较高,"基本满意"以上的达到 90.40%;所生产产品为粮油的农户满意程度最高,"基本满意"以上的达到 95.54%。可见,粮油生产类土地合作社的主体利益关系制衡机制能发挥较好的作用。所生产产品为蔬菜的农户满意程度较粮油土地股份合作社较低,"基本满意"以上的为 89.54%;所生产产品为水干果的农户满意程度较蔬菜土地股份合作社还低,"基本满意"以上的为 88.40%;其他类型土地股份合作社的农户满意程度接近总体水平,为 89.68%。而相对于土地股份合作社的总体水平,其他类型合作社的主体权益关系制衡机制的农户满意程度要低得多,"基本满意"以上仅有 81.05%。总体上,样本农户对成都市土地股份合作社主体权益关系制衡机制的满意程度总体较高,而且与成都市其他合作社主体权益关系制衡机制相比,成都市土地股份合作社主体权益关系制衡机制的农户满意程度要高出许多。

2)农户响应特征决定因素的实证分析

(1)模型构建与变量选取

①模型构建。农户对成都市土地股份合作社主体权益关系制衡机制的响应,是一种心理状态也是其价值判断的表现,影响因素是比较复杂的。本部分农户对成都市土地股份合作社主体权益关系制衡机制的响应特征,通过农户对成都市土地股份合作社主体权益关系制衡机制的满意程度。考虑到因变量属于多元选择的排序变量,本部分采用多元 Ordered Logit 模型。该模型既考虑了因变量的多类型性,也可以克服二元选择模型造成重要信息丢失的缺点。

设 Y^* 为未观察到的、隐含的指标变量,是农户对成都市土地股份合作社主体权益关系制衡机制响应中无法直接测度的主观评价,Y^* 取决于其影响因素 X;Y 为观测到的响应变量,本书将其定义为1(不满意)、2(不太满意)、3(基本满意)、4(比较满意)和5(十分满意)5个等级。假设 Y^* 满足:

$$Y^* = X\beta + \varepsilon$$

其中 X 为解释变量向量,β 为待估计参数向量,ε 为随机误差项。依据 Y^* 来定义 Y,需要取 δ_1,δ_2,δ_3 和 $\delta_4$4个临界值,两者的关系如下:

若 $Y^* < \delta_1$,则 $Y = 1$,Y 取该值的概率为:$F(\delta_1 - X\beta)$;

若 $\delta_1 \leqslant Y^* < \delta_2$,则 $Y = 2$,Y 取该值的概率为:$F(\delta_2 - X\beta) - F(\delta_1 - X\beta)$;

若 $\delta_2 \leqslant Y^* < \delta_3$,则 $Y = 3$,Y 取该值的概率为:$F(\delta_3 - X\beta) - F(\delta_2 - X\beta)$;

若 $\delta_3 \leqslant Y^* < \delta_4$,则 $Y = 4$,Y 取该值的概率为:$F(\delta_4 - X\beta) - F(\delta_3 - X\beta)$;

若 $Y^* \geqslant \delta_4$,则 $Y = 5$,Y 取该值的概率为:$1 - F(\delta_4 - X\beta)$。

②变量选取。农户对合作社主体权益关系制衡机制的满意程度,主要由农户所加入合作社对农户主体权益的体现程度来决定。本书分别选取农户所在合作社决策民主性,所在合作社运行可监督程度,所在合作社进入和退出自由度,所在合作社章程完备程度,所在合作社生产产品类型,所在合作社是否为土地股份合作社等7个解释变量来考察其与被解释变量(农户合作社主体权益关系制衡机制满意度)的关联关系。综上所述,如表5-4所示。

表5-4　农户主体权益关系制衡机制响应模型的变量名称及代码、定义与赋值

名称及代码	定义与赋值
农户满意程度(Y)	非常满意 =5,比较满意 =4,基本满意 =3,不太满意 =2,不满意 =1
所在合作社决策民主性(X_1)	很高 =5,比较高 =4,一般 =3,较低 =2,极低 =1
所在合作社运行可监督程度(X_2)	很高 =5,比较高 =4,一般 =3,较低 =2,极低 =1
所在合作社经营状况公开程度(X_3)	很高 =5,比较高 =4,一般 =3,较低 =2,极低 =1
所在合作社进入退出自由程度(X_4)	很高 =5,比较高 =4,一般 =3,较低 =2,极低 =1
所在合作社章程完备程度(X_5)	很高 =5,比较高 =4,一般 =3,较低 =2,极低 =1
所在合作社所生产产品类型(X_6)	粮油 =1,蔬菜 =2,水干果 =3,畜禽养殖 =4,多类型 =5,其他 =6
所在合作社是否为土地股份合作社(X_7)	是 =1,否 =0

(2)模型估计结果与讨论

本部分将使用 Eviews6.0 计量经济学软件,在相关性分析排除共线性问题基础上,对 1 500 个样本农户的数据进行多元 Ordered Logit 模型的处理,该模型中存在的异方差用稳健标准误直接校正,农户主体权益关系制衡机制响应模型的估计结果如表 5-5 所示。结果显示,模型的参数估计量符合经济意义,似然比统计量(LR Statistic)为 385.86,高度显著,表明模型拟合较好。

表 5-5 农户主体权益关系制衡机制响应模型的估计结果

变 量	系 数	Z 值
C	−11.033 6(0.71)	−3.977 5
X_1	0.311 0(0.43)*	2.062 0
X_2	0.224 6(0.34)**	3.406 9
X_3	0.238 0(0.00)***	9.993 6
X_4	0.226 5(0.05)**	2.631 1
X_5	0.048 2(0.00)*	5.313 0
X_6	0.636 6(0.22)**	2.716 3
X_7	5.2E−05(0.00)***	8.379 5
Pseudo R-squared	0.412 8	
Log Likelihood	−389.565 7	
LR Statistic	341.114 2	
Prob(LR Statistic)	0.000 0	

注:*,**和***分别表示在 10%,5%和 1%的显著性水平上通过检验;括号内数值为稳健标准误。

农户合作社主体权益关系制衡机制满意程度模型估计结果显示,农户所在合作社决策民主性,所在合作社运行可监督程度,所在合作社进入和退出自由度,所在合作社章程完备程度,所在合作社生产产品类型,所在合作社是否为土地股份合作社等,均在不同程度上对农户的合作社主体权益关系制衡机制满意程度产生不可忽视的影响。其中,农户所在合作社生产产品类型对农户满意程度的影响最大,系数值达到 0.636 6,但显著性水平仅为 5%,说明合作社的类型本身对合作社主体权益关系制衡的效率具有重要影响。所在合作社决策民主性对农户满意程度的影响次之,系数值达到 0.311 0,而显著性水平仅达到10%,说明合作社决策民主性虽然作用较大,但在不同合作社中的差异尚未凸显。所在合作社运行可监督程度,所在合作社经营状况公开程度,所在合作社进入和退出自由度对农户满意度的影响强度基本接近。但与其他因素相比,所在合作社经营状况公开程度对农户满意程度的影响最为显著。所在合作社章程完备程度对农户满意程度的影响较小,系数仅为0.048 2,但显著性水平则达到1%,说明合作社章程完备程度对农户合作社主体权益关系制衡机制的感知有显著的促进作用。所在合作社是否为土地股份合作社对农户满意程度的虽小,但其显著性水平却达到1%,说明土地股份合作社的主体权益关系制衡机制的农户满意程度更高,土地股份合作社有利于提高农户的主体权益关系制衡机制响应程度。总体上,估计结果对前文的理论分析作出了较为全面的印证。

5.4 土地股份合作社组织对其他主体权益的制衡机制

5.4.1 土地股份合作社组织的章规制衡机制

诺贝尔经济学奖获得者威廉·维克里(William Vickrey)的激励相容理论表明,市场经济中每个理性经济人都有追逐自己收益最大化的一面,他们会按利我行为采取行动,甚至不惜损害他人利益。没有良好的制度设计,合作组织一定运转不畅,将会导致损害相关方的利益。因此,必须有一种制度安排,使行为人追求个人利益的行为,正好与合作社实现集体价值最大化的目标相吻合,这一制度安排就是"激励相容"。成都市土地股份合作社就是采用了激励相容机制的制衡,通过3类主体的激励相容,"一损俱损,一荣俱荣"的激励相容实现了土地股份合作社主体对入社农户和职业经纪人的制衡。合作社组织章程对入社农户和职业经纪人有明确的相关规制:

①根据章程规定组织召开成员大会并报告工作,执行社员(农户)大会决议并制定合作社发展规划、年度业务经营计划、内部管理规章制度等,提交成员大会审议对合作社的管理权、监督权、收益权进行制衡。

②制定年度财务预决算、盈余分配和亏损弥补等方案,提交成员大会审议对合作社和职业经纪人进行制衡。

③组织开展合作社成员培训和各种协作活动对入社农户的差异性和互竞性

进行制衡,对合作社是发展还是停滞进行制衡,对职业经纪人提高经营收益进行制衡。

④职业经纪人接受、答复、处理执行监事或者监事会提出的有关质询和建议,实现对职业经纪人生产经营是否按照合约执行的制衡。

⑤按照合作社章程决定成员入社、退社、继承、除名、奖励、处分等事项,维护入社农户的收益权不受侵犯。

⑥依据合作社章程决定聘任或者解聘合作社职业经纪人、财务会计人员和其他专业技术人员以维护入社农户的权益和合作社的可持续发展,实现了对职业经纪人的权益制衡和对合作社管理人员的职责制衡。土地股份合作社的经营活动由董事会委托职业经纪人承担,并接受监事会的监督检查。社员(农户)大会对董事会和监事会进行监督与规制,同时,董事会和监事会对职业经纪人进行规制。反过来,职业经纪人的生产经营过程受到入社农户的监督与规制,而其经营结果(盈利与分红)又反制了入社农户,即合作社股东,进而影响社员(农户)大会的决策行为。因此,三者之间实际上形成了一种相互牵制的均衡格局,该格局保证了合作社运行,实现正常经营,且是低成本的,不会因为搭便车问题、道德风险问题或者逆向选择问题,导致另一方受损情况的发生。道德风险可以通过激励相容机制设计来解决。激励相容是通过设计和建立一种机制,使代理人为自己利益所作努力正好满足委托人的利益最大化要求。以下讨论为:农户和职业经纪人的激励相容机制的约束条件设计,农户与合作社、合作社与职业经纪人的激励相容机制模型。

1) 激励相容机制的约束条件设计

农户目标的实现受职业经纪人的努力程度和能力的影响。设农户从生产经营中获得的收益 π 为:$\pi = ad\pi_0 + \theta$。其中,a 表示职业经纪人的努力程度,d 表示职业经纪人能力系数,π_0 表示农户的平均内生性收益(农户所要求的平均最低保留收益);θ 是正态分布的随机变量,表示外界不确定性影响下农户产出的随机扰动,$\theta \sim N(0, \sigma^2)$。

农户的期望产出和风险(用方差表示)分别为:$E(\pi) = ad\pi_0$,$Var(\pi) = \sigma^2$。

为使职业经纪人努力工作,农户对职业经纪人进行物质激励。设通过激励职业经纪人获得的等值货币性收入为:$S(\pi) = \alpha + \beta(\pi - \pi_0)$。其中,$\alpha$ 表示职业经纪人的固定性收益;β 表示农户给予职业经纪人的激励系数,代表了农户对体职业经纪人的激励程度,是职业经纪人分享农户超额收益$(\pi - \pi_0)$的比例,$\beta \geq 0$。

再设职业经纪人获得的等值货币性收入直接从农户生产经营中获得的收益π中提取,则农户的实际收益R为:

$$R = \pi - S(\pi) = ad\pi_0 + \theta - \alpha - \beta(ad\pi_0 + \theta - \pi_0) \qquad (5.9)$$

假设委托人农户是风险中性的,其期望效用$E(U)$等于其期望收益$E(R)$,即:

$$E(U) = E(R) = -\alpha + \beta\pi_0 + (1 - \beta)ad\pi_0 \qquad (5.10)$$

设职业经纪人的努力成本可用货币性度量函数$C(a) = ba^2/2$(即为2次成本函数)表示,其中,b为职业经纪人的努力成本系数。那么职业经纪人的实际货币收入w为:

$$w = S(\pi) - C(a) = \alpha + \beta(\pi - \pi_0) - \frac{1}{2}ba^2$$

$$= \alpha - \beta\pi_0 + \beta ad\pi_0 + \beta\theta - \frac{1}{2}ba^2 \qquad (5.11)$$

职业经纪人的期望实际货币收入和风险(用方差表示)分别为:

$$E(w) = \alpha - \beta\pi_0 + \beta ad\pi_0 - \frac{1}{2}ba^2, Var(w) = Var(\beta\theta) = \beta^2\sigma$$

再假设代理人职业经纪人是风险厌恶型的,其效用函数为负指数效用函数$u(w) = -e^{-\rho w}$,其中,ρ表示职业经纪人的绝对风险规避度量,w表示职业经纪人的实际货币收入。

由5.9式可知,职业经纪人为风险厌恶型的,要求其接受具有不确定性的收入,而放弃确定性的收入,就必须给予他足够的"补偿",这种补偿称为风险溢价。显然,对职业经纪人而言,必存在$\lambda > 0$,满足$u(E(w) - \lambda) = E(u(w))$,$\lambda$就是风险溢价由普拉特的定义$r_a(w) = -u''(w)/u'(w)$为职业经纪人在收入水平$E(w)$上的绝对风险厌恶系数。

由职业经纪人的效用函数$u(w)$为负指数效用函数$u = -e^{-\rho w}$知:

$$r_a(w) = -u''(w)/u'(w) = \frac{\rho}{2}$$

可以证明,风险溢价:

$$\lambda \approx -\frac{u''(w)}{u'(w)}Var(w) = \frac{\rho}{2}\beta^2\sigma^2$$

因为风险溢价就是风险成本,所以职业经纪人的确定性等价收入$\bar{w}$为:

$$\overline{w} = E(w) - \frac{\rho}{2}\beta^2\sigma^2$$

$$= \alpha - \beta\pi_0 + \beta ad\pi_0 - \frac{1}{2}ba^2 - \frac{1}{2}\rho\beta^2\sigma^2 \tag{5.12}$$

用 w_0 表示职业经纪人的基本收益,它是职业经纪人接受农户激励机制的最低基本收益。若职业经纪人的确定性等价收入 $\overline{w}$ 小于其基本收益 w_0,则职业经纪人不会接受农户提供的激励机制。因此,只有确定性等价收入大于或等于基本收益,职业经纪人才会接受工作。由此可知,职业经纪人的参与约束条件 (IR)为:

$$\alpha + \beta ad\pi_0 - \beta\pi_0 - \frac{1}{2}ba^2 - \frac{1}{2}\rho\beta^2\sigma^2 \geqslant w_0 \tag{5.13}$$

当职业经纪人努力程度为 a 时(不易被农户观测),农户期望职业经纪人最大化努力程度 a^*(条件是付出最大努力),即职业经纪人使其确定性等价收入最大化。因此,职业经纪人的激励相容约束条件(IC)为:

$$a^* \in \text{argmax}\left(\alpha + \beta ad\pi_0 - \beta\pi_0 - \frac{1}{2}ba^2 - \frac{1}{2}\rho\beta^2\sigma^2\right) \tag{5.14}$$

2)激励相容机制模型

由农户的期望效用 $E(U)$ 可知,农户的行为是通过选择 α 和 β 确定激励机制。在参与约束与激励相容约束条件下,实现农户效用最大化的激励机制模型分为信息对称和信息不对称两种情况。

(1)对称信息条件下的激励相容机制模型

如职业经纪人的努力程度可观测,农户制定一个满足职业经纪人参与约束条件的强制机制,实现自身收益的最大化。那么,激励约束(IC)没有效果可言。此时,农户效用最大化的激励机制模型为:

$$\max_{\alpha,\beta} E(U) = \max_{\alpha,\beta}\left[-\alpha + \beta\pi_0 + (1-\beta)ad\pi_0\right] \tag{5.15}$$

$$s.t. \alpha + \beta ad\pi_0 - \beta\pi_0 - \frac{1}{2}ba^2 - \frac{1}{2}\rho\beta^2\sigma^2 \geqslant w_0 \tag{5.16}$$

由于最优的 a,α,β 可使参与约束(IR)条件中的等号成立,即:

$$\alpha + \beta ad\pi_0 - \beta\pi_0 - \frac{1}{2}ba^2 - \frac{1}{2}\rho\beta^2\sigma^2 = w_0$$

得: $\qquad \alpha^* = w_0 - \beta ad\pi_0 + \beta\pi_0 + \frac{1}{2}ba^2 + \frac{1}{2}\rho\beta^2\sigma^2 \tag{5.17}$

将 5.15 式代入 5.13 式,则上述农户效用最大化问题等价于:

$$\max_{\beta} E(U) = \max_{\beta}\left(-w_0 - \frac{1}{2}ba^2 - \frac{\rho}{2}\beta^2\sigma^2 + ad\pi_0\right)$$

由最优一阶化条件

$$\frac{\partial E(U)}{\partial \beta} = -\rho\beta\sigma^2 = 0$$

和 $\beta \geq 0$ 可知,$\beta^* = 0$

由最优一阶化条件

$$\frac{\partial E(U)}{\partial a} = -ba + d\pi_0 = 0$$

$$a^* = \frac{d\pi_0}{b} \tag{5.18}$$

将 $\beta^* = 0$ 代入 5.9 式得:

$$\alpha^* = w_0 + \frac{1}{2}ba^2 \tag{5.19}$$

此时,职业经纪人的激励等值货币性收入 $S^*(\pi)$ 为:

$$S^*(\pi) = \alpha^* + \beta^*(\pi - \pi_0) = \alpha^* = w_0 + \frac{1}{2}ba^2 \tag{5.20}$$

由 5.16 式可知,在对称信息条件下,职业经纪人的最优努力程度 a^* 与 d,π_0 成正比,与 b 成反比。这表明,职业经纪人能力越强,如专业技术水平越高,工作越努力,可以增强职业经纪人的稳定感,提高其工作积极性。

由 5.17 式可知,在对称信息条件下,农户只需与职业经纪人签订含固定收入 α^* 的激励机制,便可实现职业经纪人激励最大化、农户效用最优化的目标。

由 5.18 式可知,职业经纪人等值货币性收入 $S^*(\pi)$ 与 w_0 正相关,与 d,π_0 成正比,与 b 成反比。这表明,激励机制首先必须满足职业经纪人的最低基本收益,否则,职业经纪人将不会接受工作。职业经纪人努力成本越高,其胜任能力越低,得到的收入也就越低。另外,农户基本收益越多,发展越有保障,职业经纪人的期望收益也就越高,说明农户内在价值对职业经纪人收益的影响。

(2)不对称信息条件下的激励相容机制模型

当合作社难以准确观测职业经纪人的努力程度时,对称信息下的绩效激励模式是不成立的。此时,合作社应当对职业经纪人提供激励约束,使其在自身收益最大化的同时,实现农户收益目标的最大化。因此,农户在设计机制时,应同时考虑参与约束条件(IR)和激励相容约束条件(IC)。农户收益最大化的激励相容机制模型为：

$$\max_{\alpha,\beta} E(U) = \max_{\alpha,\beta}\left[-\alpha + \beta\pi_0 + (1-\beta)ad\pi_0\right] \qquad (5.21)$$

$$s.t.\begin{cases} \alpha + \beta ad\pi_0 - \beta\pi_0 - \dfrac{1}{2}ba^2 - \dfrac{1}{2}\rho\beta^2\sigma^2 \geqslant w_0 \\ a^* \in \mathrm{argmax}\left(\alpha + \beta ad\pi_0 - \beta\pi_0 - \dfrac{1}{2}ba^2 - \dfrac{1}{2}\rho\beta^2\sigma^2\right) \end{cases}$$

因为最优的 α,β 可使参与约束(IR)条件中等号成立,可得出：

$$\alpha^* = w_0 - \beta ad\pi_0 + \beta\pi_0 + \frac{1}{2}ba^2 + \frac{1}{2}\rho\beta^2\sigma^2 \qquad (5.22)$$

由于农户组织难以精确观察到职业经纪人的努力程度 a,因此农户希望职业经纪人达到的最优努力程度只能通过职业经纪人极大化自身的效益目标实现,即通过 5.22 式的一阶条件得到最大化努力程度 a^*：

$$a^* = \frac{d\pi_0\beta}{b} \qquad (5.23)$$

将 5.20 式和 5.21 式代入 5.19 式,则上述农户效用最大化问题等价于：

$$\max_{\beta} E(U) = \max_{\beta}\left[-w_0 - \frac{(d\pi_0)^2}{2b}\beta^2 - \frac{\rho}{2}\beta^2\sigma^2 + \frac{(d\pi_0)^2}{b}\beta\right] \qquad (5.24)$$

5.22 式的一阶最优化条件为：

$$\frac{\partial E(U)}{\partial \beta} = -\frac{(d\pi_0)^2}{b}\beta - \rho\beta\sigma^2 + \frac{(d\pi_0)^2}{b} = 0$$

从而

$$\beta^* = \frac{(d\pi_0)^2}{(d\pi_0)^2 + \rho\sigma^2 b} \qquad (5.25)$$

此时,职业经纪人的激励等值货币性收入 $S^*(\pi)$ 为：

$$S^*(\pi) = \alpha^* + \beta^*(\pi - w_0) \qquad (5.26)$$

将 5.20 式和 5.21 式代入 5.24 式得：

$$S^*(\pi) = w_0 + \frac{(d\pi_0)^2\beta^{*2}}{2b} + \frac{\rho}{2}\beta^{*2}\sigma^2 + \beta^*\theta \qquad (5.27)$$

由 5.21 式可知,不对称条件信息下,除了职业经纪人个体的最优努力程度 a^* 与 d,π_0 成正比,与 b 成反比之外,还与激励系数 β 成正比。这表明,激励系数越高,对职业经纪人的激励性越大。

由 5.23 式可知,β 与个体风险态度 ρ,农户收益波动 σ^2 和个体努力成本系

数 b 成反比;与个体能力 d 和农户基本收益 π_0 成正比。

由 5.25 式可知,在信息不对称的条件下,职业经纪人的激励等值货币性收入 $S^*(\pi)$ 与 w_0 有关,与 $d,\pi_0,\rho,\beta_1,\beta_2$ 以及 σ,ε 成正比,与 b 成反比。

不对称信息下的激励相容机制设计应考虑如下几点:

①农户给予职业经纪人的超产收益分享比例应与职业经纪人的能力和农户的基本收益成正比。职业经纪人的能力越强,对其的激励作用越大,对入社农户越有益。同时,入社农户的基本收益越高,可供职业经纪人分享的超额产出越少,因此,章程要合理确定比例关系。

②农户给予职业经纪人的收入分配比例应与职业经纪人的努力成本、风险规避态度和收益波动成反比。职业经纪人努力的成本越高,职业经纪人越不愿意努力工作,相应的收入分配比例应越小。

因此,无论是在对称信息还是不对称信息约束条件下,合作社对入社农户与职业经纪人的权益制衡都是有效且相互关联的,一旦入社农户或者职业经纪人出现违反章程制衡机制的规定,就会出现三方受损的局面。这样做的目的是保证 3 类主体权益在制度范围内的实施。

5.4.2 土地股份合作社的组织制衡机制

成都市土地股份合作社按照"具有民事行为能力的公民,以及从事与农民专业合作社业务直接相关的生产经营活动,能够利用农民专业合作社提供的服务,承认并遵守农民专业合作社章程,履行章程规定的入社手续的,可以成为农民专业合作社的成员"的要求制定了土地股份合作社章程,对入社农户、合作社机构和职业经纪人进行规范:

①职业经纪人、入社农户和理事会、监事会都要受合作社章程的约束,章程规定,若发现履职不力者、违纪者、违反章程者,由社员大会提出罢免或更换,并经社员大会投票表决通过,使合作社的相关主体受到同等制约,使他们之间不顾此失彼,实现制衡,保证各方的利益不受损。其中,监事会依据社员大会决议和土地股份合作社章程,监督土地股份合作社的经营管理,维护农村土地合作社的利益。

②通过章程制定规范入社农户和职业经纪人的行为,农民土地股份合作社成员以土地使用权作为折值,按合作社章程规定的办法确定其收益,任何一方都不得损害另一方的利益。合作社任何成员都可以随时查阅年度收入业务报告,同时规定"农民合作社可以按照章程规定或成员大会决议从当年盈余中提取公

积金,公积金用于弥补亏损、扩大生产经营或者转为成员出资"等等,土地股份合作社的章程严格规定了农户、职业经纪人、合作社三方的权利和义务,并且规定的细节部分可以使三方都在章程约束范围内进行经济活动,不会出现顾此失彼的情况,如《成都市金堂县清江新水碾土地股份合作社章程》第56条138款细则制衡了各方面的利益分享,即诺斯认为的由预见到潜在利益并认为只要进行机制创新便可获得利益的决策者"第一集团"到"第二集团"的形成,再到两个集团的共同创新,在机制创新得以实现后,两个集团可能会就所获得的、曾经是潜在利益的收益进行再分配。

③为了防止部分农户对其他农户土地权益的损害,需要在入社农户间形成相互依存而又相互制约的格局,使每个农户在保障自己土地权益时不对其他农户造成损害,维护土地股份合作社的共同利益,推动土地股份合作社的发展,对合作社发展所涉及的重大事项进行决策,一人一票,不需要经过加权处理。决策权分散在入社农户手中,通过社员大会投票表决合作社生产、经营及规划、盈余分配等重大事项,农户的土地入股申请,承办土地承包经营权入股的登记、核准、发放、变更以及红利分配等事项,换届选举理事会、理事长、监事会、监事长,讨论和决议对外合作与交流,向政府或其他部门反映农民的意见和要求等农事活动生产项目,严格遵循民主决议原则。只要多数通过生产项目就可以实施,形成制衡,使决策权的票商结果行之有效。正是入社农户按土地股份行使决策权相互制衡制度的创新与完善,才使相关主体的土地权益得到保障和协调,并促进有效运行与发展。通过合作社规制的建立和实施,达到合作社对入社农户不同诉求的制衡,按照土地股份大小折算不同股份标准来分享经济利益,统一标准,没有差别,每个大小和多少之分,只是按照折值的数量计算,基本分红按多数农民入社前的单位面积土地盈利水平确定,超产分红是在基本分红基础上对超产部分(以多数农民入社前的平均单产水平为基准)的二次分红,分给农民的部分为超产部分的50%。这种方法既可以有效避免盲目满足农户土地分红要求的弊端,转变为本着实事求是的基本原则参照当地粮油生产获利的平均水平作为入社农户保底分红的基本标准。纯粹按照土地折值的份额计算,防止部分农户利益受损,实现公平公正的利益分享机制,使每个入社农户明确彼此之间相互监督收益分红的合理性,均衡分享合作社发展的经济收益。这是相互制衡带来的结果,而不是部分农户无限膨胀福利蛋糕。因为在一个动态的博弈环境中,如果团队成员间的相互威胁是可置信的,则威胁机制可以提高团队效率,而且这种威胁是存

在的,且执行起来成本较低,只要退社就可达到威胁的目的,只需要申请,不需要花费什么成本,威胁机制在合作社制度创新中是一种相互激励机制,他们之间又是长期合作团队激励,故而是有效的,照顾三方利益,不会顾此失彼。

5.4.3　土地股份合作社的合约制衡机制

合作社章程规定农户、职业经纪人和合作社运行机构为土地股份合作社的收益分配主体,入社农户从其提供生产要素、资金、物资的情况判定其享受利益分配的额度。职业经纪人从其组织参与生产的具体情况判定自己享受利益分配的额度,其收益比分散经营时要高,而且他们会想方设法提高自己的收益分享,甚至包括虚报、瞒报、间歇期种植蔬菜等手段。但合作社作为经济组织要对职业经纪人的行为进行监督,且保证10%的提留作为合作社发展基金,不能让职业经纪人损害农户利益和组织利益,用合约限定职业经纪人农地农用和农户优先分享,包括职业经纪人事先与土地股份合作社理事会签订合同——按土地收益分配方案保证农户土地入股分红份额,既未改变农村土地的集体所有权,又未改变农户对集体土地的承包权,是对农村集体土地家庭承包经营制度的深化和完善。然后,土地的经营决策和收益分配方案都由社员大会决定,双方事先达成收益分配比例(主要指超额收益部分)。进而,职业经纪人在履行合约的过程中,入社农户和合作社都要对其进行监督、查阅账本、收益评估等,限制职业经纪人投机行为,防止职业经纪人极端的自利状态。同时,合作社章程规定农户两部分收益分享的固定算法。除此之外,不能再享有其他收益,包括国家生产补贴、政府管理补贴等,自身只享受提留分红和独享政府管理补贴,职业经纪人分红体现在超产分享,产量越高,分享越多。因此,按照成都市土地股份合作社收益分配合约章程规定,土地股份合作社来协调利益分配,且按照原定契约执行,各有分享的固定计算方式,不能越界。同时,执行机制相对完善,监督机制到位,用合约规制三方行为,相互制衡,这样就规避了农户与职业经纪人、农户与合作社、职业经纪人与合作社之间发生利益冲突,这就是完全合约的激励所致,而合作社没有剩余索取权和控制权,这是从合作社本身的收益透明度和固定收益比例的角度来看。当然,前提条件是合作社没有土地财产权。只有代理土地的使用权,且并非独自生产经营,而是委托给职业经纪人,剩余索取权和控制权在于入社农户和职业经纪人,他们之间的制衡已经在合约制度中充分体现,在新形势下对农村土地制度的再创新,得到了社会普遍认可。

5.5 职业经纪人对土地股份合作社其他主体权益的制衡机制

5.5.1 生产经营进入、退出的选择机制

职业经纪人作为代理土地股份合作社的市场自由经济活动主体有被选择的权利,通过社员大会投票表决是否能够代理合作社的土地。一旦确立了这种代理关系,职业经纪人的生产经营活动就要在一定的制衡机制框架下活动。可是,职业经纪人并不是完全被动的,而是根据合作社章程进入土地代理的生产经营活动,它在本质上形成了一种选择机制,即如果能够满足合作社规定的经济效益,且符合自身对收益的预期,那么职业经纪人就会选择进入,通过各种手段提高农业经营收益。但如果收益不能达到预期,甚至出现了亏损,职业经纪人就选择退出,"进入沉没成本的下降激发了一个以'优胜劣汰'的市场选择机制为基础的动态竞争过程"。它实际上与选择退出形成了一对组合,即可以选择加入,也可以选择退出,虽然最早起源于版权法,但是在制度经济学的理论体系中仍然占有一席之地,这种进入或者退出机制的设定是为了更好地维护多方权益。职业经纪人利用这种机制,在生产经营活动中对于侵犯自身收益权的行为进行制约,这是章程允许的,通过生产经营的进入和退出机制,职业经纪人可以实现与合作社、入社农户之间的利益分享,防止了入社农户对农业生产收益限度的分享无限诉求。如果有此情形发生,职业经纪人的退出选择就会使合作社瓦解,进而使入社农户回归到入社前的状态,这也会使入社农户的利益受损,也是他们不愿意看到的情况。所以,这种规制机制在 3 类主体之间形成了一种相互威慑,这就是职业经纪人根据自身对收益分享的判断来确定是进入还是退出的制度依据,实现制度框架内的进入和退出机制,从而实现三方收益均衡,使其他二者形成遵从制度约定的轨道,使职业经纪人对其他二者进行制衡,形成均衡发展的格局。

5.5.2 合约机制

职业经纪人对土地股份合作社其他两个主体权益的合约制衡机制主要体现在利益分享约定方面,即根据成都市土地股份合作社的有关章程要求,收益分享机制设计如下(2010 年入社土地的生产成本为 510 元/亩,但存在波动情况):农户收益 500 元/亩+职业经纪人经营超额收益的 50%;职业经纪人收益总收

入-500元/亩,农户基本收益-510元/亩,生产成本-超额收益的50%+政府生产补贴;合作社收益:[800斤(1斤=500克)水稻/亩/年+650斤小麦/亩/年-510元生产成本/亩]乘以市场价,再乘以10%。这种合约机制能够有效地保证职业经纪人对同为合作社主体的其他两类主体进行制衡,即以合约为载体,不能无原则地超出合作机制的要求,完全按照合约机制对土地进行经营,实现收益分享,原因是不同合约安排的本质在于如何在局限条件下把租值最小化,它是市场价格标准关于减少租值消散的最有效方式,降低资源运行中的交易费用和人为因素带来的不确定性,由合约确定的规制是有秩序的,不会带来无序的混乱。因此,合约机制的确立保证了职业经纪人能够对其他二者形成较好的互动与均衡制约,能够实现职业经纪人的收益,同时防止其他主体的行为可预期化,减少了不确定性带来的交易成本的增加,否则,职业经纪人的进退机制可以对其他两类主体的不利行为说"不"。如果出现违规行为,也可以通过法律途径解决,而且合约的规制也给其他主体提了个醒,不能越雷池半步,是内在制衡机制。

5.5.3　协商与协调机制

　　土地股份合作社的收益分享方案,一般采用民主协商的办法事先约定,入社农户在加入合作社时即确知土地的分红办法,生产经营者在充当合作社土地使用权代理人时即确知收益分享要求,并均以合约形式确定下来由相关主体执行与兑现。收益分享方案可以根据经济社会发展的变化,特别是物价的变化,在充分协商基础上进行调整。同时,当生产经营遇到难以抗拒的自然风险和市场风险时,经过社员大会讨论同意,也可以对原有收益分享方案进行调整。首先应充分保证入社农户的土地利益,土地股份合作社的收益优先满足农户入股土地的分红,然后才是提取少量公积金,剩余部分才由生产经营者分享。在合作社发展的内部制衡机制中,多少都有协商与协调机制在发生作用,但最明显的是体现在收益分享的协商与协调上,尤其是在入社农户的基本收益分享得到保障的前提下,因自然灾害等造成的超产收益分享不能达到预期的背景下,通过入社农户、职业经纪人与合作社三方共同协商与协调,调整超产收益分配比例和额度,以此减轻职业经纪人的经营压力,或者说为职业经纪人更好地持续经营奠定基础,也充分调动了职业经纪人的生产积极性,为长期稳定的生产经营活动服务。这种机制的优势在于以入社农户的收益为核心,形成了一种合作策略博弈关系,且作为局中人的入社农户和职业经纪人要面对一系列可能的结局(Outcomes)和一个冲突(Conflict),尽量使所有人都同意接受它,形成协商和协调的最终结局,这也被 Von·Neuman-Morgenstern(1944)用效用函数所证实,实质上是对其他局中人的策略施加影响,这是协商与协调机制的优势和关键所在,不然也不可能使职业经纪人能够对入社农户的利益诉求策略施加影响。如果不能施加影响,也就不存在所谓的协商与协调机制。没有这种机制,成都市土地股份合作社的内部制衡机制也就不能灵活与收益挂钩,那么它的可持续性自然不会顺畅,不顺畅的机制自然不能发展合作社这种新事物。根据合作社发展的现实情形来看,协商与协调机制作为一种特殊形式的博弈策略具有它的优越性,促使成都市土地股份合作社能够在短短的几年时间内蓬勃发展。这也是职业经纪人在这种内部制衡结构中生存和发展的一个保障和凭借。

第6章 成都市土地股份合作社的农业发展治理机制

利益关联是指合作社与入社农户、职业经纪人的利益关联方式,以及由此决定的利益分配规则,它是合作社运营的核心制度,关系到3类主体的切身利益,它的设计和实施影响到组织成员的积极性、组织的效率和成员的收入,进而影响到合作社的发展前途。它是成都市发展农村土地股份合作社的根本目的,这种机制体现在农地积聚机制、农地充分利用机制、生产分工与专业化提升机制、规模化经营机制和生产方式转换机制等几个内部治理环节。而农业的顺利发展,传统农业向现代农业的转化,离不开良好的发展机制。农业发展机制内涵十分广泛,除大政方针的指引、宏观政策的支持与调控外,新型农业生产经营主体的培育、新型农业生产经营组织的构建、新型农业生产经营模式的采用、农业生产经营规模化和专业化的实现等,都是重要的内容。成都市农村土地股份合作社通过土地制度创新,初步形成了有利于农业发展和现代化转型的新机制,并在实践中显现出独特的优势。

6.1 成都市土地股份合作社的农地积聚

6.1.1 入社农户承包地的自愿集中

入社农户承包地之所以自愿集中,是合作社农地聚集机制的吸引。

①按照合作社制度规定,入社农户的承包地在合作社组织内得到规模化利用,同时,入社农户对土地的承包地永恒不变,且可以得到更高收益,从而可以自愿组合在一起,实现其共同的利益诉求,使其家庭总收益高于分散经营收益,特

别是对自身劳动力的解放带来的其他收益,且要保住其土地的承包权的支配。而合作社的制度规定已经将土地承包权的归属明确为入社农户所有,无任何担忧。

②因为合作可以产生更大的经济效益,所以,入社农户只是需要在认定分红数量的基础上将土地交给合作社,由合作社代理其土地,然后只是等着固定收益和超产分红即可,这个分红与分散经营收入不相上下,但关键是农业劳动力在中华人民共和国成立之后带来的红利远远超出分散经营带来的好处。因此,这种集中没有社会矛盾,大大节省了土地集中过程中的交易成本,免除了土地流转中高昂租金对生产经营者的压力,结果是农民纷纷自愿加入合作社,土地就自然集中起来了,这实际上契合了魁奈在其经典著作《租地农场主论》中主张的"大经营"论点,即"人与人交换(合作,笔者注)才能形成财富""土地集中是在市场竞争力量的驱使下,农业生产者之间基于效率竞争而自愿进行的土地产权交易(成都市农村土地股份合作社不是产权交易,笔者注),使一个不善耕作或不愿耕作的无效率农民能够将其所经营的土地自由转让(合作社是折值抵押,笔者注)给某些更有效使用它的人,而一个具有经营积极性和经营优势的耕作能手则能自由获得更多的土地以进行规模化经营……从而降低了土地集中的交易成本,提高了土地流转和集中的交易效率",遵循着市场经济发展的规律,以保护自身权益为直接目的,以节约生产成本和提高经济效益为手段,农户承包地自愿折股入社,谋求收益最大化。

③土地股份合作社以农户承包地使用权入股的机制构建而成,便捷、低成本而又在有制度保障的情况下将分散在农户手中的农地集中起来,农民不仅不需要付出任何成本,还能充分有效地保护入社农地的承包权。这样肯定能得到入社农户的拥护,也能得到社会的赞同,并且得到了政府的支持。同时,作为一个集体经济组织,未来发展水平可为入社农户提供较高的收益预期,也是入社农户努力所追求的境界。这是合作社农地积聚机制的重大胜利,即入社农户自愿集中土地是对合作社内部治理机制的认可。在遵守该机制的基础上将分散的土地资源整合起来,源源不断地为该机制的运行充实资源,逐步壮大。

6.1.2 入社农户承包地的集中连片

原本农村土地是零星、小块分散经营,如果连片且分散经营都没有可能,唯一的办法就是将农户分散经营的土地有效地集中。要达到这个目的,只有制度(机制)才能做得到,且这种制度(机制)一定要得到广大农户的拥护。入社农户都是同村民组或毗邻村民组的农户参与建立的,容易做到入社土地的集中连片,土地面积视入社农户的多少而定,少则 100 亩左右,多则 200 亩以上。如果中间出现非入社的农户割断了土地的连片情况,可以通过调整地块或者置换的方式实现连片。成都市农村土地股份合作社通过农户承包地使用权的自愿入股。截至 2014 年,整村、整组推进成都市农村土地股份合作社,土地规划实现了连片经营的雏形。从 2010 年成都市崇州市成立第一家杨柳土地股份合作社开始,在 2011—2014 年的 4 年间,成都市农村土地股份合作社在飞速发展的同时,也代表了以前分散经营的农户承包土地向连片规模化、机械化经营的方式转变。成都市农村土地股份合作社由 661 个增加到 1 297 个,增加了 96.22%。入社农户由 26 930 户增加到 72 440 户,增加了169.00%。入社土地面积由 83 933.84 亩增加到 225 416.04 亩,增加了 168.56%。农业土地集中反过来也通过多种机制促进了工业化和市场经济发展,两者之间在经济上互为因果,相互推动,促进土地集中实现规模经济效应,没有土地的连片绝对不可能有农业规模经济的发生,而没有合作社内部治理机制保障农户将土地连片集中在合作社的组织范围内,就绝不可能有农业规模经营的发生,即成都市土地股份合作社的农地聚集机制具有超强的吸引力,从而带来了农户纷纷将自己的土地经营权委托给合作社,而不是断断续续、三三两两地加入。如果出现个别农户没有加入合作社影响了合作社代理土地的连片化,合作社的调整机制可以把这部分农户的土地置换或者调整到不影响土地成片的其他地块。恰恰是普遍性地认可合作社的这种治理机制,几乎一户不落地加入这种组织中来,故而土地才能实现连片化。

6.1.3 农户承包地集中的低成本

交易成本的高低取决于交易制度,没有好的交易制度,就不会有低成本的交易行为的发生,特别是没有形成一种固定治理模式的经济组织。因此,交易制度的运行机制是保证交易行为发生的根本。成都市土地股份合作社依据当地实际情况,制定了一些交易运行机制,在农户自愿入社且保证其最低收益的基础上分享超产收益。如果没有实现合作社的最初承诺,农户可以退出合作社的交易机制使农户纷纷自愿加入合作社,无须通过动员、宣传、谈判和反复博弈的复杂过程就实现了农户入社,手续很简单,没有其他交易成本的产生。通过入社,便可将数十户甚至上百户农民的承包地集中起来,避免了土地流转中代理人逐个与委托人谈判实现土地转移的交易机制,克服了土地流转的高成本(见表 6-1)。

表中只是显性成本,其生产成本(与 2011 年土地股份合作社生产成本 510 元/亩作比较)是土地股份合作社的 1~1.7 倍,而土地流转的谈判成本、机会成本等对农业生产经营来说可以说是"高不可估",且稳定性较差。

表 6-1   成都市 2005—2014 年土地流转显性成本费用表(元/亩)*

	2005	2006	2007	2008	2009	2010	2011	2012	2013	2014
龙泉驿	673	677	681	680	787	816	820	833	845	872
青白江	682	682	688	686	795	823	831	842	862	894
新都区	689	693	695	694	801	854	863	871	889	903
温江区	699	701	701	701	835	866	874	885	896	911
金堂县	643	647	651	647	789	821	829	834	851	862
双流县	688	691	698	698	833	870	878	884	891	915
郫　县	611	622	629	628	711	756	764	771	786	799
大邑县	609	615	626	625	719	734	742	756	769	781
浦江县	623	635	642	641	705	743	752	763	771	779
新津县	617	624	648	647	738	765	768	774	785	792
都江堰	649	651	669	667	757	779	781	788	792	801
彭州市	638	653	677	675	785	805	812	819	828	832
邛崃市	602	619	633	630	664	703	705	712	719	743
崇州市	648	698	706	700	824	840	848	857	869	891

*数据皆来自 2013 年和 2014 年成都市实地问卷调查整理。

　　成都市土地股份合作社的入社是农户自愿申请加入,将承包地使用权折股入社并非土地流转,合作社作为代理人,只需要通过程序审核吸收农户入社就可以不付租金完成上地集中,无须花费土地流转中与农户逐一谈判成本,减少了土地集中的交易成本。这是一种公开、公平、公正的交易机制,对每个农户都适用,不偏不倚,一视同仁。于是,农户在可以预见且有保障收益的基础上主动将土地委托给土地股份合作社,实现了分散土地的低成本集中。这种做法几乎没有成本的沉淀和其他交易成本的发生,是目前所有集中农户土地资源最低成本的机制创新。

6.2 成都市土地股份合作社的农地充分利用

6.2.1 入社农户闲置承包地的开发利用

　　土地家庭承包经营使农村集体土地被农户分散占有,小规模生产经营成本高、效益低,使部分农民离农弃农,虽然无力经营承包地但也不愿放弃,撂荒现象比较常见,土地闲置率较高。而流转的土地也多用于种植非粮食作物或非农产业,使粮食生产受到威胁。如何克服这种弊端成为成都市农村土地股份合作社的最大难题。必须制定一系列的治理机制,才能让农户的土地不至于荒废,同时,又要使农户土地农用化才能克服上述两类不良现象的发生。于是,合作社的相关制度规定,只要农户把闲置的土地申请加入合作社,就能得到永久的股份收益(折值入股的比例计算是不会改变的),以土地作为折值和担保获取土地资产使用权的租金,还可以将承包地作为资产入股,从股份制经济组织分取红利。也就是说,在保障农户最基本收益的基础上,还可以根据土地折值的多少分享超产收益,土地的承包权仍然掌握在农户手中。如果不满意合作社或者没有实现自己的收益预期,农户就可以退社。这样的治理机制使广大农户不再顾忌,纷纷将大量闲置的、无人问津(抛荒的、利用率不高的等)的土地自愿委托给合作社,合作社将闲置的土地(也包括正在种植的土地)整合起来,连片开发利用,以规模经济的要素对农户的闲置土地进行精耕细作,重新恢复土地要素的收益预期,优化土地的资源利用。因此,成都市农村土地股份合作社将闲置土地连片集中,低成本转移至经济组织范围内,充分对闲置土地进行开发利用有助于实现粮油生产、增产,实际增产数量已经超越了农户分散经营的户户加总[①]。从结果来看,农户与合作社的福利都增加了,实现了帕累托改进"在没有使任何人境况变坏的前提下,使得至少一个人变得更好"的标准,而且实现了 3 类主体福利的同时改善。这是成都市土地股份合作社农地充分利用机制的魅力所在,否则不可能将闲置的土地资源充分利用且取得了如此好的成绩。

6.2.2 入社农户承包地复种指数的提高

　　根据合作社分红机制的规定,一年内需要种植两季农作物,而且明文规定入

---

①可以从农户基本收益为 500 元/亩+超产收益分红得知。

社农户的收益是 800 斤水稻/亩/年+650 斤小麦/亩/年。在该机制下,职业经纪人不可能种植其他经济作物,而且不能仅仅种植一季农作物,只能两季,并且要想方设法提高其作物产量。而农地作为宝贵的生产资源,它的存量是固定的,在增量基本上不能增加的情况下,提高复种指数是提高产量的重要手段之一,农地数量和质量代表农业资源的多寡和土地资产的大小。职业经纪人只有通过科学手段来达到提高土地的复种指数的目的,全年播种(或移栽)作物的总面积÷耕地总面积×100,是指一定时期内(一般为 1 年)在同一地块耕地面积上种植农作物的平均次数,入社农户与职业经纪人的播种面积实际上是在相同的背景下,播种面积等于耕地面积的 2 倍。1952—1992 年我国增加复种面积 3.6 亿亩(占1992 年总播种面积 21.71%),它弥补了耕地减少的缺口,使作物总播种面积稳定在 21.5～22.5 亿亩。其中,四川省达 5 405 万亩,居第一位。成都市农村土地股份合作社的职业经纪人每年种植一季小麦,一季水稻的复种指数增加主要体现在粮食生产科学技术水平的提高。它提升了作物种植密度,进而提高了单产,实际上就提高了耕地利用程度,使成都市农村土地股份合作社复种土地面积增加。每亩粮食产量由 2011 年的 1 130.5 千克增至 2014 年的 1 246.5 千克,增量达到 116 千克,增幅为 10.3%(见表 6-2)。

表 6-2　　成都市农村土地股份合作社土地复种效益情况*

年份	播种面积 (亩)	粮食亩产(麦稻两季) (千克)	复种指数 (%)	粮食亩产年增 (千克)①
2011	167 867.68	1 130.5	200	91
2012	231 351.68	1 253.5	200	123
2013	456 092.20	1 212.0	200	−41.5
2014	450 832.08	1 246.5	200	34.5

* 数据皆来自 2013 年和 2014 年成都市实地问卷调查整理。

职业经纪人代理合作社土地后,利用专业化程度提高土地的复种指数,是合作社土地利用机制的一种反馈,即超产收益越高,职业经纪人的收益越高,而且职业经纪人也只能依靠提高超产收益的比例才能改善自身的收益情况。这种机制促使职业经纪人千方百计地改善土地利用效率,提高土地的复种指数。因此,

①粮食亩产增量是指每亩粮田年产量比上一年的增加量。

2011年至2014年土地的复种指数均达到200%,而总收益提升的幅度也比较可观,即10%的粮食增值加上复种短期经济作物等的收益。这就是说,职业经纪人在经营粮油生产的时候,通过复种指数增加产值和土地利用面积,可以在一定程度内扩大土地集中的存量,使种植面积增加,产量也会随之增加,辅以复种,就能够提高职业经纪人的收益,这是收益分配治理机制对土地利用的直接推动。虽然同期成都市未加入土地股份合作社的区域复种指数勉强能够达到200%,但是大都存在粗放经营的情况。同时,由于未加入土地股份合作社区域的大部分农户还是以传统的家庭作坊式的农业生产模式为主,虽然享受农业现代化技术和机械作业带来了一定产量和产值的提高,但是与加入土地股份合作社的农户土地产出相比,还是有一定的差距(表6-3)。

表6-3　成都市未加入土地股份合作社区域土地复种效益情况 *

年份	播种面积 (亩)	粮食亩产(麦稻两季) (千克)	复种指数 (%)	粮食亩产年增 (千克)
2011	6 193 662.32	1 060.5	200	21
2012	6 130 178.32	1 092.5	200	32
2013	5 905 437.80	1 128.0	200	35.5
2014	5 910 697.92	1 142.5	200	14.5

* 数据皆来自2013年和2014年成都市实地问卷调查整理。

6.2.3　入社农地的精细利用

土地的充分利用不仅仅是提高复种指数,还包括对农地的精耕细作,它强调的是农事生产活动的过程,当过程达到精耕细作的要求时,自然会产生很好的结果,即"轮作、复种、间作套种、三宜耕作、耕薅结合,加强管理等",而成都平原的天然优势可以让成都市农村土地股份合作社的职业经纪人改变传统农户超小规模分散经营和没有专业分工现状的同时,采用精耕细作的方式推进农业生产经营。职业经纪人利用从合作社代理的连片成规模的土地(约178亩)采用现代农业的发展方式进行精耕细作,他们在粮食生产中注重轮耕、轮作、轮施肥,利用复种、间作、套种等方式,通过深耕改土、配方施肥,为小麦高产奠定土壤养分基础,通过精选品种、推广技术,为小麦高产提供技术支撑,成功地提高了职业经纪人的总收益。总收益增加不低于10%,这是职业经纪人经营土地与家庭分散经营的不同之处。"用力少而得谷多""精耕细作是中国农业可持续发展的灵魂"。

其结果很明显地表现为:成都市土地股份合作社2011—2014年的小麦亩产比农户分散生产的 2010 年分别提高 53.57%，71%，62%，69.71%；水稻分别提高48.25%，63.75%，61.25%，63.12%，有力促进了农业生产特别是粮食生产的发展。随着生产的发展，农户入社土地的分红水平也逐年上升，与农户分散经营时种植粮食每亩获利 500 元左右相比，2011—2014 年农户入社的每亩土地分红（等同于盈利）分别提高了 79.24%，107.81%，110.19%，112.72%，显著提高了入社农户的农业收益，使农民获得实惠。那么，提高精耕细作必须有一个促进精耕细作的机制，否则又会回到合作社成立之前的状态，粗放型的农业种植是因为农业劳动力大量外流，用于农业种植的劳动力资源等严重外流到城市、工业等部门，这种机制就是三方收益，使职业经纪人有相当的利润可图，农户相对于加入合作社之前，既减少了资源的投入，又增加了收入。同时，合作社经济组织肩负起管理和组织职能，形成了一个前后差别较大的福利增进机制。

6.3　成都市土地股份合作社的生产分工与专业化

6.3.1　成都市土地股份合作社的生产分工细化与专业化取向

成都市农村土地股份合作社专门从事粮油生产种植，特别是专注于水稻、小麦的种植，而且鼓励不同的合作社形成不同的拳头产品，如富硒水稻、甜玉米等并不是在所有的合作社都大面积种植，只是在一些合作社有一定产量，这是向着专业化迈进的体现，每个合作社种植的水稻品种并不完全相同，但都走向了专业化生产，因为合作社制度已经明确要求夏季必须种植水稻。那么，职业经纪人就不可能像入社前的农户一样，随便种植一种水稻有点收益就行，这就促使他们必须想办法提升专业化水平，在政府相关职能部门和合作社的帮助下，通过培训、学习、信息沟通等走向专业化途径。自然、专业化是整体表现，而在生产的具体环节则体现为生产分工的细化，在职业经纪人生产经营的过程中，播种实施、苗期管理、谷物晾晒、农药喷洒、土地平整的相对分工，不能由单一的固定人群自始至终完成，而是雇用不同的农民在他们擅长的环节分工管理，农民的专业化程度也有所提高，符合了"有些工场，这 18 种操作，分别由 18 个专门工人执行。固然，有时一人也兼执二三门"。

我们假定:n 代表入社农户数；Q_1 代表专业化前总产值；Q_2 代表专业化后总

产值；Q_3代表每个农户因同时种植两种作物时，精力分配导致损失的产值；q_{1i}代表专业化前各个农户土地种植粮食产量；q_{2i}代表专业化前各个农户土地种植油料产量；q_3代表专业化后土地种植粮食产量；q_4代表专业化后土地种植油料产量；p_1代表粮食价格；p_2代表油料价格；p_{3i}代表专业化前每个农户生产销售的各个环节总费用；p_4代表专业化后生产销售的各个环节总费用。

假定q_{1i}为代表性农户入社前种植的产量，则总产量：

$$Q_1 = \sum q_{1i} = nq_1 \tag{6.1}$$

令专业化前的单个农户成本为c_1，假定粮食价格P为市场上的总产量Q的函数：

$$P(Q) = a - bQ_1 \tag{6.2}$$

则农户分享的收益为：

$$\pi_{1i} = (P(Q) - c_1) \cdot q_1 \tag{6.3}$$

即：

$$\pi_{1i} = (a - nbq_1 - c_1) \cdot q_1 \tag{6.4}$$

则有：

$$\frac{\partial \pi}{\partial q_1} = a - 2nbq_1 - c_1 \tag{6.5}$$

根据利润最大化的一阶条件有：

$$\frac{\partial \pi}{\partial q_1} = 0, q_1 = \frac{a - c_1}{2nb}$$

$$Q = \frac{a - c_1}{2b} \tag{6.6}$$

假定Q_2为农户入社后的总产量，C_2为农户入社后的总成本，则入社后总收益为：

$$\pi_2 = (P(Q) - c_2) \cdot Q_2 = [a - bQ_2 - c_2] \tag{6.7}$$

根据利润最大化的一阶条件有：

$$\frac{\partial \pi_2}{\partial Q_2} = a - 2bQ_2 - c_2 \tag{6.8}$$

令$\frac{\partial \pi_2}{\partial Q_2} = 0$，则有：

$$a - 2bQ_2 - c_2 = 0 \tag{6.9}$$

$$Q_2 = \frac{a - c_2}{2b} \qquad (6.10)$$

根据前文的分析可知,由于规模效应存在, $C_1 > C_2$ 则 $Q_1 < Q_2$,

$$\pi_{1i} < \pi_{2i}$$

合作社的这种生产分工和专业化取向机制,不仅增加了总产量,而且增加了总收益,使职业经纪人和入社农户的收益分红都得到了明显增加(职业经纪人的收益与其作为职业经纪人之前的收益相比)。这就是专业化分工带来的好处,农业由农户生产经营转化为农户合作经济组织生产经营,生产经营组织发生了很大改变,这种改变不仅可以使农业生产更好地与市场需求对接,而且还能使农业生产经营实现科学高效的管理。一些发展好的成都市农村土地股份合作社已基本实现订单生产和企业化管理,遵循了"斯密定律",促进了福利增进。

6.3.2 成都市土地股份合作社农事活动的细分与专业化实施

在经济组织外部,合作社鼓励职业经纪人与专业化播种部门、市场化咨询服务部门、专业化收割部门、提供技术服务部门、专业化储粮部门等形成合作,由合作社牵头与其他市场主体形成固定的合作关系,提供成都市农村土地股份合作社生产活动、再生产活动、农事技术等的分工合作,有偿服务,围绕着成都市农村土地股份合作社形成了一个完整的专业化运行系统,各司其职,有偿推进,利益关联。

①农事生产活动要分工协作,成都市农村土地股份合作社职业经纪人根据自己受托经营的土地规模联系并雇佣专业服务机构完成大部分的农事活动。这是合作社管理机构的部分职能,已经在章程中有了明确规定,合作社帮助职业经纪人联系育种、耕种、播种、插秧、施肥、收割等农事活动,且与相关专门的农业服务机构签订契约,合作社就是组织方和监督方。插秧由专业化的农机合作社提供机械插秧,合作社与科研、种子生产单位签订合同,主要是签订农作物种植合同,即农业种子的改良交由专业化机构处理,对成都市农村土地股份合作社选育优良品种和增收打下了很好的基础。育秧由专业化的育秧公司工厂化育秧,育秧实施前合作社与育秧公司先签订秧苗供需合同,确定秧苗品种、数量、秧苗标准、价格以及供秧时间等事项明确双方职责,合作社代表职业经纪人向育秧公司交纳一定额度定金,育秧服务公司统计汇总各合作社,再由合作社提供秧苗给职业经纪人,选择合适的时间陆续实施育秧,合作社代表职业经纪人按合同约定时间付清余款后到服务公司领取秧苗。根据事先签订的合同,育秧服务公司保证

秧苗的质量和数量,保证按期付款购走秧苗,实现了育秧公司与合作社的多赢。这种方式既提高了生产效率,又减少了生产成本,还解决了职业经纪人单独购买农业机械价格贵且利用不充分的问题。

②合作社倡导的订单农业强化了农事活动的专业化标准,合作社与龙头企业或加工企业签订农产品购销合同促使农业生产合作社根据合同规定,按其订单标准生产特定的粮油作物,通过生产符合订单标准的优质粮油,使农事生产活动在产业分工中更趋向专业化。这是合作社的另一个职能所在,也是合作社成立时的制度规定了的。这种专业化生产有利于提高农业各生产环节的生产效率,促进农业节本增效,丰富农业的创新内容和文化内涵,改善农业产业链的整体协调性,有利于加快农业发展方式向适度规模经营和标准化、集约化转型,这就是根据合作社生产分工与专业化提升机制而实施的一系列农事生产活动,使合作社的农业生产活动以市场化为导向实施的,体现了这种机制设计的激励性,"把材料从甲地运往乙地,该需要多少商人和运输者啊!……把各种药材由各个不同地方收集起来,该雇用多少船工、水手、帆布制造者和绳索制造者啊!"成都市土地股份合作社相关机制很好地遵循了古典经济学的奠基人威廉·配第在倡导的专业化分工理论,使农事活动带来"聚集经济"(配第语)效应,亚当·斯密关于劳动分工机理的3个定理更能说明为什么要进行农事活动的专业化分工和怎样进行专业化分工。

6.3.3 成都市土地股份合作社生产服务的专业化分工

根据成都市政府和合作社的有关政策规章制度,明文要求各类市场生产服务主体都应该为合作社的生产服务提供便利条件。经过长期努力:

①成都市初步构建了覆盖农村的金融服务体系。农村信用社、农业银行、邮政储蓄银行、农业发展银行、农业保险公司、小额贷款公司等在县(区)乡(镇)设立网点,为农业发展提供金融支持。其他商业银行及金融机构也在各县(区)设有网点,为农业发展提供专项金融服务。为解决农业信贷的担保问题,各县(区)还成立了由政府支持的农业信贷担保公司,为农业信贷提供担保。同时,允许农户以承包地使用权和其他不动产作为抵押品获得贷款,允许合作经济组织以农产品订单作为抵押获取贷款。对缺乏有效抵押品的农户,采取社区联保的办法获得贷款。农村金融服务体系的形成和金融服务的广泛开展,为土地股份合作社的产生提供了金融支持。

②形成县(区)、乡(镇)、村三级农业科技服务体系。在这个体系中,县(区)

设有负责推广先进适用技术的农业局(后改为农委或统筹城乡发展局),乡(镇)设有负责先进技术应用指导的农技站,村设有县农业局或乡农技站驻点农技人员和培训的农民技术员。县(区)农业局(或农委)配备有农作物品种、栽培、土肥、植保等方面的技术人员,引进、试验、示范先进技术,向农民进行展示和宣传,实行包村包片指导村民应用,对成规模的农业生产企业则派驻技术人员进行上门服务。乡(镇)农技站配备有专门从事农业技术服务的人员,包干村民组直接对农民进行技术培训和指导。驻村农技人员一方面指导农民对先进技术的应用,另一方面培养农民技术人员并使其成为技术服务的骨干,再一方面培养农业科技示范农户并使其成为先进技术应用的带动者。整个成都市三级农技服务体系的完善,不仅促进了农业发展,也为土地股份合作社的产生提供了技术支撑。成都市土地股份合作社要对入社土地进行规模化、专业化经营,要实现农业生产效率和效益的提高以完成对农户的土地分红并获取盈利,是一项十分艰巨的任务。农业的规模化和专业化生产,离不开社会化服务的支撑,农业生产效率和效益的提高,有赖于社会化服务的支持。因此,围绕土地股份合作社形成的农业社会化服务包括产前的信息服务、金融服务、物资供应服务,产中的机械作业服务、劳动服务,产后的营销及加工服务,以及整个再生产过程的技术服务,对土地股份合作社的产生和发展具有关键影响,为土地股份合作社的可持续发展奠定了外部条件和成长的土壤。

6.4 成都市土地股份合作社的规模化经营

6.4.1 成都市土地股份合作社农地规模经营

土地股份合作社成立之前经过充分调研,确立了每个合作社的土地规模大约为1 000亩,这样才有可能实现规模化经营。因此,合作社通过鼓励、调整或者调换机制将农户的承包地使用权以入股的方式集中,按规定的用途进行农业的适度规模经营。这种合作社规模化经营机制得到了政府、社会、民众、市场等部门的认可与支持,使土地股份合作社发展壮大,经济实力增强,社会地位和影响提高。作为一个集体经济组织,如果能达到这一发展水平,也是自己努力所追求的境界。到2010年年底,成都市全市共改良和平整土地120.23万亩,建设和改良河滩地6.94万亩,复垦宅基地14.83万亩,改造中低产田94.95万亩,

2011—2014年成都市农村土地股份合作社入社土地面积分别是83 933.84亩、115 675.84亩、228 046.10亩和225 416.04亩。2011—2014年间,成都市农村土地股份合作社从661个增加到1 297个,增加了96.22%。入社农户由26 930户增加到72 440户,增加了169.00%;入社土地面积由83 933.84亩增加到225 416.04亩,增加了168.56%。入社土地面积与上年度相比,2012年增加了31 742亩,增加了40.20%;2013年增加了112 370.26亩,增加了97.14%。农地规模经营时选择了100亩左右的小型规模化生产,其产值增量相对农户分散经营提高了20%~30%,基本属于现行农场规模理论150亩的小型农场界定,但"大农场不一定比小农场的经济效率更高",日本学者速水佑次郎(Yujiro Hayami)的经济效益论也与此类似,"土地经营规模较大的农户唯有在单位面积的农业收益大于土地经营规模较小的农户单位面积的农业收益时,才会出现土地规模化经营的情况"。成都市农村土地股份合作社规模化经营机制促进了农业生产在劳动力、机械化、信息技术、资金投入、土地规模、土地环境①等方面的优化组合,根据土地的平整程度,采取机械化技术耕作,辅助以劳动力,注重劳动力配置的数量与机械化技术配置比例,提高复种指数等方式以中等规模的土地组合推进规模化经营。成都市农村土地股份合作社的大规模集中土地就是规模化经营的必要条件,且有一系列相关机制措施作制度保障,促使了农业资源的优化配置,这就是好的机制在发挥作用。不仅能充分有效的保护和利用稀缺的农地资源,还为提高土地产出率和劳动生产率创造了良好条件,同时为农地农用、粮地粮用、粮食安全提供了保证。土地股份合作社这些作用的充分发挥,可以产生显著的经济效益、社会效益和生态效益。

6.4.2 成都市土地股份合作社的农产品规模化生产

农地规模化机制带来的结果是产品的规模化生产。同样,农产品的规模化生产是规模化经营的表现,归根结底,是合作社规模化经营机制的体现。到2010年年底,成都市农村土地股份合作社的粮食总产量从2011年的18.98万吨增加到2014年的56.2万吨,这说明使合作社的入社土地面积和产品规模急剧增加,带来的规模化效应也逐渐凸显,从产量的增长率中也体现了它的优势所在(表6-4)。

---

①适合种植什么作物,在哪些土地种植哪些粮食,杜能圆圈层结构理论的说法,实际上是一种容易被忽略的生产要素优化组合的"高级要素"。

表 6-4　成都市农村土地股份合作社粮食指标情况表*

	2011 年	2012 年	2013 年	2014 年**
水稻种植面积(亩)	83 933.84	115 675.84	228 046.1	225 416.04
水稻种植面积增长率(%)	37.8	97.1	−1.1	—
水稻总产量(斤)	99 545 534.24	151 535 350.4	294 179 469	294 167 932.2
水稻总产量增长率(%)	52.2	94.1	−0.4	—
水稻总产值(元)	114 477 364.4	177 296 360	397 142 283.2	358 884 877.3
水稻总产值增长率(%)	54.9	124	−9.63	—
小麦种植面积(亩)	83 933.84	115 675.84	228 046.1	225 416.04
小麦种植面积增长率(%)	37.8	97.1	−1.1	—
小麦总产量(斤)	90 228 878	138 463 980.48	258 604 277.4	267 794 255.52
小麦总产量增长率(%)	53.5	86.8	3.6	—
小麦总产值(元)	73 987 679.96	121 848 302.8	235 329 892.4	254 404 542.7
小麦总产值增长率(%)	64.7	93.1	8.1	—

*数据皆来自成都市农委 2011—2014 年成都市农村土地股份合作社基本情况汇总表。

**因成都市农村土地股份合作社 2015 年数据暂未统计,故增长率未统计 2014 年。

从表 6-4 可以看出,成都市农村土地股份合作社的粮食总产量在增加,水稻产量增长率 2012 年比 2011 年增加了 52.2%,2013 年比 2012 年增加了 94.1%。虽然 2014 年比 2013 年减少了 0.4%,但与入社前相比,水稻产量仍然大幅提高。2012 年小麦产量增长率比 2011 年增加 53.5%,2013 年比 2012 年增加 86.8%,2014 年比 2013 年增加 3.6%。这是成都市农村土地股份合作社土地低成本、高效率的集中体现,达到了土地适度规模化经营的基本要求,"在于行为主体可以获得原先旧制度下不可能得到的利润",这也印证了美国华盛顿大学的罗伊·普罗斯特曼教授的研究"在美国规模最小的农场(即占地为 27 英亩以下的农场,约合 164 亩),每英亩的产出要比大农场产出多出 10 倍以上"的观点。2011—2014 年间,成都市农村土地股份合作社粮食产量从 2011 年的 18.98 万吨增加到 2014 年的 56.2 万吨,每个合作社的总产出平均达到 147.5 万千克粮食。也就是说,作为农户甚至东北承包土地的农户是远远达不到这个规模的。这实际上已经形成了规模经济,因为它是以个体为单位形成的经济规模,如成都市农村土地股份合作社,入社后粮食增产285斤(其中,水稻增产120斤,小麦增产165斤),"全市农民人均纯收入达9 084元,比上年增长21.7%,带动了农业增效和农民增收"。按照入社每公顷土地产量计算,成都市农村土地股份合作社每公顷粮食产量达到18吨左右(含一季小麦和一季水稻产量),远远超过美国1984年"小农场每公顷的产量最高(5.83吨),大农场其次(5.81吨),中等农场最低(5.3吨)"的规模经济效益。即便按照成都市2012年平均水稻每公顷产量8.2吨和平均每公顷小麦产量为8.37吨的计算,合作社与家庭分散经营每公顷每年的两季粮食总产量平均约为16.57吨,而成都市专业生产粮食的成都市农村土地股份合作社每公顷每年的粮食产量为18吨左右,要比整个成都市高出1.43吨的增量,即每亩地每年大约增加了100千克产量,这是合作社专业化程度提高规模经济的反映。

假如第i个农户的劳动投入量为L_i,资本投入量为K_i,劳动价格为P_L,资本价格为P_K,假设要素价格不随要素投入量的变化而变化,则第i个农户的成本为:

$$C_i = P_L \cdot L_i + P_K \cdot K_i \tag{6.11}$$

设农户的生产函数为规模收益递增的柯布—道格拉斯生产函数,则第i个农户的产出为:

$$Q_i^I = A L_i^\alpha K_i^\beta \tag{6.12}$$

其中,A表示技术水平,α,β为要素的产出弹性,$\alpha+\beta>1$。这里假设这些参数对不同的农户是相同的。

假如劳动和资本两种要素的配合比例(称为技术系数)是不变的,并令$L=\gamma K$,则第i个农户的生产经营成本为:

$$C_i = P_L \cdot L_i + P_K \cdot K_i = P_L \cdot \gamma K_i + P_K \cdot K_i = K_i(\gamma P_L + P_K) \tag{6.13}$$

产出为:

$$Q_i^I = A L_i^\alpha K_i^\beta = A (\gamma K_i)^\alpha K_i^\beta = A \gamma^\alpha K_i^{\alpha+\beta} \tag{6.14}$$

设农产品的价格为P,于是得第i家农户的利润函数为:

$$U_i^I = A \gamma^\alpha K_i^{\alpha+\beta} P - K_i(\gamma P_L + P_K) \tag{6.15}$$

$$= K_i^{\alpha+\beta} G - K_i H , \tag{6.16}$$

其中,$G = A\gamma^\alpha P, H = (\gamma P_L + P_K)$。

6.13式对K_i求导并令其等于零,得利润最大化时的K_i为:

$$K_i = \left[\frac{H}{(\alpha + \beta)G}\right]^{\frac{1}{\alpha + \beta - 1}} \tag{6.17}$$

最大化利润为：

$$U_i^I = G\left[\frac{H}{(\alpha + \beta)G}\right]^{\frac{\alpha + \beta}{\alpha + \beta - 1}} - H\left[\frac{H}{(\alpha + \beta)G}\right]^{\frac{1}{\alpha + \beta - 1}} \tag{6.18}$$

设股份合作社有 2 户农户。当农户间通过加入成都市农村土地股份合作社的形式实现资源优化配置时，他们可以共享技术上的优势，也可以共同开拓市场增加产品的销路，降低成本。这里只假设在股份合作社技术水平不变，其他农户的要素投入通过该农户的要素投入对产出起作用。设 σ 为第 i 家农户获得其他农户要素投入的外部性溢出系数，且与要素投入成比例，即第 i 个农户的利润函数为：

$$U_i^{II} = (\sigma K_j + K_i)^{\alpha + \beta} G - K_i H, i,j = 1,2 \tag{6.19}$$

6.16 式对 K_i 求导并令其等于零，得第 i 个农户的反应函数为：

$$\sigma K_2 + K_1 = \left[\frac{H}{(\alpha + \beta)G}\right]^{\frac{1}{\alpha + \beta - 1}} \tag{6.20}$$

$$\sigma K_1 + K_2 = \left[\frac{H}{(\alpha + \beta)G}\right]^{\frac{1}{\alpha + \beta - 1}} \tag{6.21}$$

解 6.17 式和 6.18 式联立方程组，得第 i 个农户的最佳资本投入为：

$$K_i = \frac{1}{1 + \sigma}\left[\frac{H}{(\alpha + \beta)G}\right]^{\frac{1}{\alpha + \beta - 1}} \tag{6.22}$$

6.19 式和 6.14 式比较，加入股份合作社，因素投入变小了。

第 i 个农户的最大化利润为：

$$U_i^{II} = G\left[\frac{H}{(\alpha + \beta)G}\right]^{\frac{\alpha + \beta}{\alpha + \beta - 1}} - \frac{H}{1 + \sigma}\left[\frac{H}{(\alpha + \beta)G}\right]^{\frac{1}{\alpha + \beta - 1}} \tag{6.23}$$

6.23 式和 6.18 式比较，说明加入股份合作社，利润增加了。

为什么成都市土地股份合作社的小麦和水稻产量产品规模这么大？而不是蔬菜、水果等产品呢？很明显是成都市土地股份合作社的制度（机制）带来的效应，不然农产品规模化效应也不会这么突出，即合作社机制所规定的只能用于水稻和小麦粮食种植机制带来的结果。成都市农村土地股份合作社这种科学合理的规模化、集约化经营模式符合现代农业经济发展规律，是一次极为有益的尝试,不仅对成都市土地经营模式能够起到示范效应,而且能给全国各地区土地经营模式提供良好的借鉴。

6.4.3 成都市土地股份合作社生产的规模化服务

成都市政府为了推动土地股份合作社的发展,专门制定了土地股份合作社发展的相关配套措施,要求:

①成都市在市、区(市)县两级成立土地承包及流转纠纷仲裁委员会,负责农村土地承包和土地流转纠纷的仲裁,办公室及仲裁庭设在农业部门,工作经费由同级财政解决,专门为农业生产仲裁和诉讼提供方便的机构,保护入社农户的合法权益。

②为农业生产计划的安排、项目选定、产品销售方向和经营方面提供决策的机构。

③有化肥、种子、农药、薄膜、饲料等农业生产资料供应的公司,大量地提供多样化的优良种子选择,如成都双流牧马山种子有限公司等。

④有专门做销售服务的,防止农产品卖不掉,成都市农产品超市就是在这种生产分工中应运而生的机构,是专门为合作社农产品生产的服务机构。

⑤成都市政府通过财政部门、交通部门等专门为合作社发展修筑道路、开通航道、组织好农产品运输直至销售,建设和维修田间道路4 000余千米,建设和疏浚灌排渠道14 700千米,整治和疏浚河道14 700千米,维修塘库20 833口,建设田间桥、涵、闸44 923万个,以及全方位地为合作社发展保驾护航的机构等,形成了生产服务的细化,包括专门从事为农业生产服务产生的科技服务、信息服务等专业分工机制。成都市为解决农业劳动力不足,人工成本猛增,劳动生产率低下等问题,大力推进农业机械化。利用政府农机购买补贴政策,培育农机服务公司、农机服务专业户,为农业生产提供农机作业的社会化服务。到2010年年底,全市已有农机服务公司58家,农机服务专业户263户,耕作机具901套,具有很强的农机作业能力。全市大部分地区已初步达到只要生产需要,就可有偿从市场上获得农机服务。农机服务体系的形成与市场化运作,为土地股份合作社的产生提供了现代化生产手段的支持。正符合斯密的劳动分工第一原理,而不是一个劳动者从事所有生产服务环节的工作,专门从事一种劳动能够促进生产效率的提升。这种机制是成都市农业生产合作社发展对社会分工的一种贡献,它是人类社会、经济发展过程中表现出来的一个本质性的特征,正如美国经

济学家舒尔茨认为农业中存在收益递增,且收益递增的根源在于劳动分工与专业化以及由其形成的专业化人力资本的观点一样,成都市农村土地股份合作社发展的内涵就是促进农业生产利益关联者的收益,且以递增的方式呈现。从本质上看,成都市农村土地股份合作社的专业化服务体系是符合现代农业发展的基本诉求,也是成都市土地股份合作社生产服务机制的有关诉求和内在要求,有力地推动了成都现代农业的发展。

6.5 成都市土地股份合作社农业生产方式的转换机制

6.5.1 从自给、半自给生产向商品生产的转换

家庭分散经营实际上是半自给自足的生产模式,是一种半封闭的农业生产方式,它的商品化程度和市场化程度很低。农户生产的农产品主要是为了自己消费,很少投入市场,农户所需的各种主要生活物资主要依靠自己生产而很少从市场上获得,很少考虑市场和生产成本。但是,作为市场化的职业化和专业化生产方式,成都市土地股份合作社必须依靠规模化和专业化经营。只有实现规模化和专业化经营,才能充分发挥规模效益,减少生产成本和浪费,提高资源利用效率,使收益最大化。特别是粮食产品市场需求相对固定,弹性系数较小,不适用于弹性需求理论加以解释,但也不是完全的刚性需求,介于两者之间。但是,成都市农村土地股份合作社为适应市场发展,坚持以市场需求为导向,发展特色粮食品牌,如崇州市文井源品牌的富硒水稻、成都市康庄农牧公司的甜玉米等特色粮食产品,则是按照市场的需求进行定向生产,这部分粮食产品在一定范围内弹性需求系数变动较大,他们采取订单生产、定向方式满足市场需求,既增强了合作社市场交易的主体地位,又提升了市场谈判的主动性,在一定程度上也影响了定价机制。因为合作社不仅使初级农产品生产获得增值,还使得农户与市场的连接更加便利。通过推进市场同农户相结合,专业市场与农户或生产基地的对接,从而使合作社更加适应市场需求,推进合作社农业的市场化进程。同时,加大品牌塑造力度,成都市农村土地股份合作社在生产经营中对农产品的品质提出了严格的要求,必须按照享有信誉的品牌粮油产品标准生产。一方面,力争达到国家农产品质量安全的相关认证,提升品牌效应;另一方面,通过生产名优粮油产品,增加农产品的附加值,提高农产品的

产出效益,像文井源品牌的富硒水稻已经获得了相当的市场认可度,提高了成都市农产品的市场竞争力,增加了农产品的收益,成都市农村土地股份合作社也一直坚持品牌化发展路线,努力提升农产品的品质和信誉,按市场需求发展专业化的粮食生产合作社,实际上就是从自给半自给的生产状态走向市场化的商品生产转换机制,这是农业发展质的提升。

6.5.2 经验生产向科学生产的转变

在家庭分散经营中,一切农事生产靠的是经验积累,依靠经验就可以做到相对高产,或者精耕细作,或者大量劳动力要素的投入。但凡有问题,一般都是向年长者或者农业生产高手咨询,经验主义非常盛行。其结果是粮食产量维持在中低水平,缺少提高粮食产量的办法,因为要改善有关的农业基础生产设施,个体农户又无法完成,所以在分散经营模式中,经验主义一直占据重要地位,走向科学化生产之路无法打通。但是,在成都市农村土地股份合作社发展过程中,各级政府为帮扶成都市农村土地股份合作社改善基础生产设施,如水利条件的改善,科研机构、专家团队、农经部门深入成都市农村土地股份合作社调研和农业技术推广,为成都市农村土地股份合作社提供生态环保的化肥、农药等农业生产资料,提供新培育的高产、优质动植物优良品种,提供先进适用的耕作技术、栽培技术、病虫害防治技术、灌溉技术、施肥技术、生物技术、农产品储运加工技术,实现了从自给半自给的状态向科学生产的转变。因为科学生产的一切要素已经具备,且由政府牵头的一切商品化生产的一切基础要素投入是个体农户无法完成的。正如剑桥大学经济学家 Farrel 和 Leibenstein 提出的技术效率论,"技术效率就是在产出规模不变、市场价格不变的条件下,一定数量的投入要素所能够达到的最小生产成本与实际生产成本之间的比值"。由于成都市农村土地股份合作社的职业经纪人为了提高对市场的适应性和自身收益的增加,主动采用先进的优良品种和栽培技术,使自身代理 180 亩左右的土地都显著地提高了经济效益,每年每公顷土地的产量比入社前增加了 1.43 吨,使职业经纪人和入社农户每亩土地的收益增加 100 多元,他们主动追求科技进步,依靠先进技术使农产品更具优势,增强了成都市农村土地股份合作社职业经纪人生产积极性和农户加入合作社的激励,使股份合作社向农户社员保底分红的目标更加容易完成,达到了成立股份合作社提高农民收入的目的,促进了成都市农业生产由经验主义向科学发展的转换,带动了成都市农业的发展,其原因是成都市土地股份合作社生产方式的改变,即由小农经济的经验主义向科学生产转变,根源于机制的创新。

6.5.3　手工工具向现代机械、设施的转换

　　分散经营状态下用斧头、铁锹、锄头、地排车等方式完成一切农事生产,需要大量的人资力源要素的投入才能完成基本的口粮需求,这种低效率的家庭手工生产模式确实束缚了农业生产力的解放。因此,成都市土地股份合作社的尝试是以市场化的模式打破了原来的小农经济模式,走向了机械化和现代化。根据《关于申报2011年机电提灌建设项目实施方案的通知》[川农业〔2011〕57号文件]精神,四川省财政厅川财农〔2011〕46号文件规定合作社购机补助资金10万元。因此,成都市农村土地股份合作社有充分的积极性大规模采用农机技术对合作社的大面积土地进行机械化作业,采用大型农用机械,如插秧机、播种机、收割机、脱粒机等推广现代农机和相关设施技术,以提升规模收益。同时,成都市农村土地股份合作社通过已经市场化转型的供销合作社、种子站、植保站等专业化服务机构改善农业生产设施技术,装备专业化的生产设施,提升专业化农业生产技术,实现农业生产技术推广的专业化。在成立成都市农村土地股份合作社之前,成都市就大规模地建设农田水利等相关的配套性基础设施,为合作社实施规模化经营、机械化作业、专业化生产提供了重要保障。此外,为充分保证合作社的机械化作业,成都市还为合作社配置了相应的农业机械,从而促使职业经纪人通过整合土地资源,更高效地实现农业机械化。这充分显示了成都市农业生产合作社在改善农业生产专业化程度方面的显著成果,增强了农业综合生产能力,提高农业劳动生产率的重要措施。这是农业现代化的重要标志,增强了农业收益水平,提升了入社农户、合作社和职业经纪人的收益(表6-5)。

表6-5　成都市农村土地股份合作社的农业现代化进展　　　　单位 %*

	年份	先进技术采用率	机耕占比	机插(播)占比	病虫机防占比	机收占比	优质产品占比	定向生产占比	定向销售占比
入	2008	20	30	30	30	5	10	0	0
社	2009	20	30	30	30	30	10	0	20
前	2010	35	40	40	40	40	10	20	35
入	2011	90	95	95	100	95	40	100	100
社	2012	90	95	95	100	95	50	100	100
后	2013	90	95	95	100	95	50	100	100

*数据皆来自2013年和2014年成都市实地问卷调查整理。

虽然这是索洛的技术进步理论的体现,但是为了降低生产成本,社会或经济环境的变化会诱惑人们对潜在利润展开追逐。为了减小过程中的不确定性,新技术的创新和应用可能发生。但制度的设计是前提和保证,没有一系列的制度作铺垫,成都市土地股份合作社不会按照市场化行为进行规模化生产经营,没有规模化的生产经营方式转换就不会有生产工具利用的根本性变革。

第7章　成都市土地股份合作社的生产经营治理机制

搞好农业生产经营、促进农业发展是土地股份合作社建立的直接目的,关系到土地股份合作社的生产与发展,还关系到相关主体的切身利益。成都市土地股份合作社能够实现土地使用权流转,其土地使用权的双重委托—代理治理机制发挥了关键作用。正是这种机制,才改变了土地使用权的集中方式,防止了农地非农化和非粮化,促进了农业发展和现代化转型,全面维护了农民的土地权利。土地股份合作社生产经营机制采用了一种双重委托—代理机制,第一重是农户与合作社的土地使用权委托—代理,第二重是合作社与生产经营者(职业经纪人)的土地使用权委托—代理,土地占有权仍归入社农户所有,职业经纪人享有剩余索取权。正是这一机制的作用,使土地股份合作社的生产经营发生了巨大变革,充分提高了农村土地利用的效率,强化了市场机制的作用,建立了合理的、相互适应的激励机制、监督机制和制约机制,降低了代理土地的交易成本,在本质上改变了农业生产经营的方式。

Harkins & Jackson 认为一种制度的设计能够激励来源于被委托方意识到他们的经济活动效率能够与同伴相比较,且与自身收益高度相关,这种比较促使代理人(职业经纪人)意识到竞争压力,进而通过学习、比较、模仿与创新等埋性行为来改善业绩,提升经济效益。土地股份合作社生产经营抉择是其治理首先应当解决的问题,明确了谁做什么产业项目,如何做这些产业项目才可能开展生产经营活动。生产经营抉择的治理要解决以什么为依据作出抉择,由哪些主体参与抉择,按什么程序作出抉择 3 个主要问题。委托经营组织管理成本低,易于激活受托方(代理人)提高效率和效益的活力,入社农户既可分享入股土地收益,又可分享农业发展收益。委托—代理程序虽然复杂,代理人选择也存在一定风险,但成都市土地股份合作社把双重委托代理作为生产经营治理的主要机制实现了入社农户将土地使用权委托给合作社,合作社又将土地使用权委托给职业经纪人的双重委托代理机制,而入社农户并不与职业经纪人直接打交道,这样的好处是防止入社农户的分散力量不能有效地遏制职业经纪人的不合规行为。但合作社作为一个组织主体,却有着相当强大的力量可以规制职业经纪人的代理行为,从而为入社农户的合法权益保驾护航,实现合作社成立的初衷,同时照顾了三方利益。

7.1 成都市土地股份合作社土地使用权的双重委托机制

7.1.1 农户承包地使用权向土地股份合作社的委托

农户是土地使用权的所有者,这一权利是国家土地制度赋予的。利用这一权利,可以获取的收益在承包期内具有独占性,可自愿有偿转让,但不可强制无偿剥夺。农户可以作为第一委托人,将其承包地使用权以入股的方式委托给土地股份合作社,入社农户在一定分红要求下向土地股份合作社让渡土地使用权,而土地股份合作社在满足农户分红要求下获得农户的土地使用权。成都市农村土地股份合作社以承包地使用权作为资产入股方式,组建股份制组织合作社,代表入社农户的利益,按要求代理入社农户土地,委托给职业经纪人从事农业生产,以农业收益兑现土地分红,获取盈利。入社农户将承包地使用权委托给合作社,以土地入股的形式委托给土地股份合作社,农户按土地入股的份额分享土地的经营收益,"委托代理关系是委托人设计的一个契约系统(制度)来驱动代理人对委托人的利益进行增值的机制"。当入社农户向代理人合作社委派保护农户利益收益的任务时,对合作社的激励问题就产生了,促使其通过合理的制度设计将土地使用权发挥最大效用,实现农业劳动分工的收益递增,延缓边际效益递减。由于入社农户的承包地集中是在完全自愿的条件下实现的,通过一定数量农户的委托,土地股份合作社将分散在不同农户手中的承包地实现了集中,且入社农户要求的是土地生产经营的分红而不是高额租金,因此这一承包地集中方式不仅十分便捷,而且成本较低。与这一委托—代理相对应,入社农户不再自己经营承包土地,其承包地的生产经营由土地股份合作社承担,农业生产由家庭经营机制转变为合作社经营机制。集体生产经营有力地体现了入社农户意愿,方便进行农业基本建设,但组织难度大,管理成本高,提高效率和效益的内在动力不易激发。承包经营简单省事,组织管理成本低,易于激发承包者提高效率和效益的活力,但合作社难以对生产经营实施有效监管,入社农户也只能得到固定的土地租金,不能分享农业发展的利益。委托经营组织管理成本低,易于激活受托方(代理人)提高效率和效益的活力,入社农户既可分享入股土地收益也能分享农业发展收益,但委托—代理程序复杂,代理人选择也存在一定风险。在这种形势下,不同的土地股份合作社可以根据自己的情况,按一定的机制程序对生产经营组织方式进行选择。

7.1.2 合作社将土地使用权向职业经纪人委托

土地股份合作社生产经营组织方式选择是其治理的重要内容,采用哪种组织方式从事生产经营,对效率和效益影响极大。土地股份合作社将入社农户承包地集中后,可以组织社员进行集体生产经营,也可以将其承包给农业大户或进入农业的工商企业生产经营,还可以委托给农业职业经纪人生产经营。合作社将集中起来的入社土地的使用权在一定的条件下(土地使用范围及方向、土地分红标准、公积金标准等)委托给职业经纪人,而职业经纪人在满足合作社要求的条件下获得土地使用权,代理合作社对土地进行生产经营。作为代理人的职业经纪人,是合作社经过规范的程序和严格的条件招聘选择的,一般由某一入社农户充任,少数合作社土地的生产经营者也由社外农户或企业业主充任,主要进行生产经营活动并充分兑现合作社土地使用权委托的条件要求。职业经纪人受理事会的委托,在理事会的授权范围内,具体实施土地经营决策的各个事项。合作社理事会就授权的范围、内容、要求等与职业经纪人签订合同,职业经纪人必须按理事会的要求、规定经营土地,不得改变农地用途,保证农地农用。职业经纪人按合同规定返还给委托人的收益,享有剩余收益的所有权。同时,必须采取防治水土流失、防治土地污染等措施,保证土地的质量,保证土地永续利用。

合作社代表农户制定一种明示契约,通过社员大会招聘行为主体,职业经纪人为其服务,但职业经纪人生产经营决策权不受干扰,按照事先约定原则,职业经纪人可以得到超产收益的 50%。这时,合作社代表农户采取的策略是最大化利益的贝叶斯期望效用,在设计职业经纪人支付制度时,合作社首先行动,迫使双方的关系成为一个不对称信息下的斯特科尔伯格对策,合作社预见了职业经纪人后续的行动策略并在所有可行的契约中选择最优契约。其目的是促进农业生产分工细化,改变农户知识、能力和精力不足以规模化经营农业生产的现状,促使农业走向市场、发展规模经营,实现入社农户和职业经纪人利益分享的提升,却又不损害委托人和代理人任何一方的利益,这也是成都市农村土地股份合作社生产经营机制治理的魅力所在,是对新制度经济学契约理论在农业发展中的应用与拓展,推动了农业机制的创新。

7.1.3　土地使用权双重委托的前后关联

　　成都市农村土地股份合作社将农户分散小规模经营的土地以股份的形式集合起来,交由具有职业农民素养的职业经纪人从事股份合作社集合土地的农业生产经营,入社农户是土地股份合作社的委托人,土地股份合作社是职业经纪人的委托人,形成了典型的双重委托—代理关系(图7-1),即农户将土地委托给土地股份合作社,土地股份合作社将集合土地委托给职业经纪人从事农业生产经营。为了实现激励相容的约束机制,委托方需付出成本,即入社农户对合作社监督是一种委托成本,入社农户和合作社对职业经纪人土地生产经营的监管、审计、监察等也构成了委托成本。维持委托关系的手段主要体现在:

　　①土地股份合作社和入社农户通过监督合作社生产过程观察委托对象职业经纪人是否有违规违约经营行为。

　　②理事会对委托对象职业经纪人的监管通过合同管理审核职业经纪人是否如期完成合同规定的事项。

　　③监事会对委托对象职业经纪人的监管依据社员大会的决议、决定、规划等审查生产活动、资本运营等。

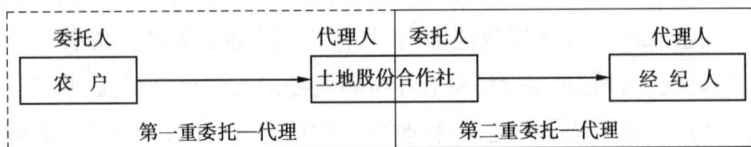

图7-1　成都市农村土地股份合作社的双重委托——代理

　　第一重委托关系能够将农户无力或不愿自己经营的土地转化为可获取收益的资产。同时,也将这些土地集中到土地股份合作社,为第二重土地股份合作社与职业经纪人之间的委托关系奠定基础。第一重委托关系是合作社委托的基础;第二重委托关系是合作社委托代理的深化,能有效地维护农户的土地权益。入社农户作为承包土地使用权的委托人,权益是对入社土地经营的控制和对入社土地的监管,其利益在于获得更多的土地分红以及最大化土地的价值。在入社农户、土地股份合作社与职业经纪人的双重委托关系中,农户通过社员大会提出合作社管理决策的意见或建议,规定粮地粮用的土地用途。通过对职业经纪人招聘投票决策维护自身经济利益,并通过"入社自愿""退社自由"的制度设计维护自己的选择权,反制机会主义行为,防止逆向选择与道德风险的发生(可能发生的领域如图7-2所示)。

图 7-2 逆向选择与道德风险可能发生的领域

特别是事实行为与非事实行为的关系,对内关系与对外关系,有无法律拒绝权利问题,都是双重委托制度难以覆盖的范畴。它最容易导致委托人采取逆向选择和道德风险行动,最大限度地维护自身应有的权益。因此,入社、退社制度,投票决策制度,监督制度,罢免制度等生产经营机制有效地避免了委托人的机会主义行为,正如雅克·拉丰所在《激励机制:委托—代理模型》中的"委托人的最优规划问题"论证的情形一致,即使成都市土地股份合作社的机制设计并不一定是最优解,但最起码也是机制促进生产经营的次优解,这就实现了农业生产经营质的飞跃,要归功于合作社生产经营双重委托机制设定。

7.2　成都市土地股份合作社土地使用权的双重代理机制

7.2.1　合作社对农户承包地使用权的代理

农户将自己的土地承包经营权进行分离——自己保留其土地的承包权,将土地的经营权以土地入股的形式委托给土地股份合作社,农户按土地入股的份额分享土地的经营收益。土地股份合作社对于土地入股的农户是一个公益性的组织,对自身利益的追求几乎为零,能完全保证委托人(农户)的利益。农户可以成为土地股份合作社的员工,在土地股份合作社里既有土地入股分红,又有劳动报酬。农户也可以不参加土地股份合作社劳动,在土地股份合作社里只获得土地入股分红,这样土地股份合作社才名副其实地成为农户土地的代理人,以合同契约固化农户预期收益的收益方式、比例关系。当代理关系确定之后,合作社代理方式也会成为合作社发展的重要载体,合作社按照农户的入股折值土地使用权,按股计算收益,其代理成本从职业经纪人缴纳的10%提留和政府管理补贴中支付,包括对职业经纪人的监督、合作社管理人员的工资支出等方面,作为代理人必须遵循低收费、少提留的原则,以保障合作社的正常运转。合作社既然已经代理入社农户的土地使用权,而且采取少收费原则,为什么还要代理农户的土地使用权呢?因为合作社作为载体,肩负着政治激励问题,新行为主义学派的操作性条件反射理论给出了一个可靠的答案,因为代理的激励不仅仅是金钱,同样包括代理人的精神需求、心理需求和政治需求。合作社的管理者以村干部为主体,而他们政绩的考核包含合作社的发展,他们管理和组织合作社代理农户的土地使用权,主要不是体现在收益分红的多少,而是政府的表扬、嘉奖或否定、批评,这是合作社承担的风险。因此,合作社实现努力水平和产出水平之间的映射,使入社农户可以毫无困难地从观察到的产出推测合作社的努力水平。对土地的第一代理权由合作社的机制已经定位,只能由合作社作为第一代理人从农户手中代理土地,职业经纪人不能作为第一代理人直接与农户签约代理权,只能首先交给合作社这个组织代理,由合作社作为维护农户利益的载体和入社土地的管理者,防止土地流转等方式中经营者与农户直接签约的种种弊端,这就是机制设计代理的优点。

7.2.2 职业经纪人对合作社土地使用权的代理

土地股份合作股东大会授予理事会权力——承办土地生产运作管理的相关决策事宜,理事会将土地生产运作管理的具体事宜授权给职业经纪人承办。职业经纪人受理事会的委托,经营合作社的耕地,按合同规定返还给委托人的收益,享有剩余收益的所有权。经纪人雇请农户作为员工,这部分农户接受经纪人的指挥,经纪人在理事会的授权范围内,具体实施土地经营决策的各个事项。理事会就授权的范围、内容、要求等与经纪人签订合同,经纪人必须按理事会的要求、规定经营土地,不得改变农地用途,保证农地农用。作为代理人的职业经纪人,是合作社经过规范的程序和严格的条件招聘选择的,一般由某一入社农户充任,少数合作社土地的职业经纪人也由社外农户或企业业主充任,但不是主要组成。职业经纪人在满足合作社要求的条件下获得土地使用权,代理合作社对土地进行生产经营。通过合作社制度的内部控制机制对其监督,职业经纪人的代理方式是按照与合作社达成的契约对代理的土地进行粮油生产,代理规模事先确定,社员大会通过投票表决之后才能形成代理,其主要代理成本体现在对土地使用权的收益支付上,条件是按委托人的要求经营土地。通过规模效应和技术效应获得多于农户分散经营的收益,按契约规定实现农户500元基本收益分享和超额收益50%的分享。在完成了土地分红及土地股份合作社提留的任务之后,可以在不违反既定生产计划、成本、产出预算和土地利用制度要求的前提下,职业经纪人利用两季农事活动的空暇时间种植短季蔬菜等,提高收益,这就是为什么入社农户争先恐后地争当合作社土地代理人的原因,收益预期可观。但合作社需要控制风险,手段是入社农户通过观察来获取职业经纪人的信息,以激励相容合同为手段,解决职业经纪人事后偷懒的行为,以及风险交易等道德风险,路径是在事前与职业经纪人签订一份可观测变量上的激励合约,降低成本在合作社内部得以实现。进而,职业经纪人通过在合作社外部的信息比较动力、生存竞争动力和荣誉提升动力来降低代理费用。合作社的代理机制设计规定了职业经纪人只能是农户入社土地的第二代理人,他们只能从合作社手中代理土地,不能直接从农户手中代理土地。这种机制设计的好处是代表农户利益且具有一定自身利益的组织机构,同时又是合作社代理人的利益维护者。因此,职业经纪人很乐意在机制规则范围内对土地进行代理,既减少了很多中间环节代理的交易成本和交易风险,又不会一对一面向农户,省去了很多不必要的麻烦,这就是吸引职业经纪人代理合作社土地使用权的重要原因。

7.2.3 土地使用权双重代理的前后关联

成都市农村土地股份合作社双重代理的第一重代理是合作社代理农户的土地使用权,第二重代理是职业经纪人代理合作社的土地使用权。双重代理意味着第一重代理方是第二重代理的委托方,第二重代理方是第一重代理的实施方。两者构成了一个互补关系,即合作社的代理关系只是一个载体,不是实质的使用方,只是一个中间方,而第二重代理方才是实际使用方,两者无法分割,因为第一重代理无法经营,只能是一个中间组织。因此,双重代理方是利益关联体,是一实一虚的内在关联体。为了紧密连接双重代理的关联,保证其能够按照合作社的制度设计运行,防止"施恩者在今后与受惠者相遇时得到回报,合作便会在利益部分冲突的理性个体之间产生"的发生,合作社实现了多项制度的创新,第二重代理人在土地代理合同签署时不与第一重代理人的委托人发生直接关系,但要受到第一重代理人的委托人监督,尤其是代理契约达成的决策行为都在第一重代理人的委托人手中,但借助的载体却是第一重代理人,它是中间枢纽,起着协调、沟通、组织和运行的核心作用。为了降低第一重代理人的道德风险和逆向选择概率,通过严密固定提留收益制度设计督促代理人履行契约的实施,防止第一重代理人的职位消费及多占第二重代理人超产收益。同时,为降低第二重代理人对第一重代理人和入社农户的道德风险与逆向选择概率,入社农户预期到将来不可能有完全的谈判控制权,则事前设计这种双重委托代理,掌握完全控制权,保证土地的承包权一直掌控在自己手中。合作社制度设计了监督权、决策权、查阅权等方式规制了第二重代理人的剩余侵占可能性,这就是为什么阿尔钦和德姆塞茨专门研究剩余索取权。由此证明,农户承包地使用权委托给土地股份合作社代理、土地股份合作社土地使用权委托给职业经纪人代理的双重委托—代理,实现了农户土地承包权与使用权的分离,土地资源向土地资产的转变,农地分散低效利用向集中充分高效利用的转变,农地随意利用向依规利用的转变,有效保护了农民的土地权益,这是农村土地制度创新的有效途径。

7.3 成都市农村土地股份合作社双重委托—代理的新型主体的培育

按照十八届三中全会决定提出要构建现代市场体系,成都市农村土地股份合作社农业生产经营过程也由主要靠单个主体(农户)完成转换多主体分工协作(服务外包)完成。这不仅促进了农业生产经营方式的现代化转型,而且在这一转移过程中,形成了一种新的培育机制。成都市农村土地股份合作社依据市场运行法则制定了关于新型主体培育的机制,是以经济效益为中心、以公共服务部门为依托、以社会其他力量社会化服务为补充,培育了新型农业生产经营主体、农业生产服务主体、农业技术服务主体、农业生产资料供给主体、农产品营销服务主体、农业技术服务主体、农业生产资料供给主体、农产品营销服务主体。

7.3.1 双重委托—代理对新型农业生产经营组织的培育

成都市农村土地股份合作社吸纳农户土地折值入股,使土地资源集中,再制定相关的制度,为经济组织合作社奠定基础,使合作社成为新型农业生产经营组织的重要载体。通过协商与投票决策制度、监督与招聘制度、利益分享与相互制衡制度等设计,促使入社农户由原来的分散经营、小农经济逐步走向企业化经营机制,与订单农业对接,市场化进程比较明显。新兴农业生产经营主体具有相应的法律地位,农业生产经营体在低息贷款、税费减免等方面都能享受优惠,给予一定的管理补贴和管理奖励,使之具备了更高的管理组织性,同时对合作社发展配套的农业生产经营组织的生产、销售、技术更新和跟踪服务等方面的服务体系逐步完善,一些非营利中介组织,为土地股份合作社提供相关支持,成都市政府为这些新型农业经营主体的成长在制度设计上给予保障,使成都市新型农业生产组织蓬勃发展(表7-1)。新型农业生产经营组织的培育在本质上顺应了农村农业制度变迁与制度发展的内在需求,从而为合作社的发展奠定了基本的制度框架。

表 7-1 成都市 2011—2014 年土地股份合作社在 14 郊县(区、市)的分布 *

	2011	2012	2013	2014
	合作社(个)	合作社(个)	合作社(个)	合作社(个)
龙泉驿	0	0	8	24
青白江	0	0	22	22
新都区	58	58	23	0
温江区	36	36	0	0
金堂县	52	78	98	110
双流县	9	9	7	7
郫县	0	0	46	0
大邑县	0	0	60	0
浦江县	51	51	11	0
新津县	12	12	35	35
都江堰	0	0	21	0
彭州市	31	67	78	0
邛崃市	0	0	65	0
崇州市	412	580	856	1 099
合计	661	891	1 340	1 297

* 数据皆来自 2013 年和 2014 年成都市实地问卷调查整理。

成都市农村土地股份合作社在产品、信贷、保险和信息市场的不完全性,很难以自身的力量,完全进行市场化的农事生产经营活动,也很难生产高附加值、风险大的农产品。只有采用双重委托代理的机制,通过对新型农业生产组织的培育有利于小规模经营合作社进一步获得信息、资金和技术等,这也印证了 Rusten 对墨西哥农业组织运行的研究,关键在于契约设计、契约人选择和制度保障。

7.3.2 双重委托—代理对新型农业生产主体(职业经纪人)的培育

成都市按照《现代农业职业经纪人资格评定管理办法》进行资格评定,积极培育新型农业生产主体,主要是职业经纪人的培育。通过发放资格证书,通过选、培、用、管、输的制度进行培育,大约每半年崇州市会组织 1 次培训,每次规模 100 多人,近几年总共培养了职业经纪人 1 000 余人,已经使合作社发展的职业经纪人储备具备了一定数量。同时,坚持自愿推荐结合,实现培而有为,现代农业职业经纪人由乡镇政府统一推荐,优先推荐熟悉农业生产、有一定农业生产管理经验、在当地具有一定号召力和影响力的农民。通过建立推荐选择制度,充分调动了参训人员主动参加培训的积极性。以合作社为平台,引领职业经纪人"走出去",从而在制度上保障对新型农业生产经营主体的培育,以此保障土地股份合作社的顺利发展,带动当地农业发展,实现农民就业,为城镇化建设奠定基础。虽然由行政机构制定并执行的直接干预市场配置机制或间接改变企业和消费者供需决策的一般规则或特殊行为并非最优选择,但是,在成都市农村土地股份合作社发展初期对职业经纪人主体的培育收到了良好的效果,充分体现了舒尔茨的人力资本投资收益率一定会超过物质资本投资收益率的理论框架模型。

7.3.3 双重委托—代理对新型农业服务主体的培育

成都市的农业服务内容十分丰富,涉及技术服务主体、生产作业服务主体和物资供应与产品营销主体。成都市认识到社会非营利机构为主体的农业服务体系是以政府和市场为主体的服务体系的补充,同样也需要政府从资金和政策上大力扶持,才能达到并满足成都农业日益增长的社会化服务需求。因此,通过加强乡镇农技推广机构建设,促进农业科技水平和经营主体能力的提升。通过加强基层农技推广体系,可以有力地保证农产品质量安全,满足人民群众绿色消费、健康生活的需求。通过加强基层农技推广体系,有助于加快农业新技术、新成果的推广应用,降低农业生产成本,提高农业产出效益,确保农产品优质优价,促进农业增效,农民增收。因此,围绕着合作社发展已初步形成集农业技术推广、动植物疫病防控、农产品质量安全监管"三位一体"的乡镇农业公共服务体系,有效解决了基层农技推广机构公益性职能不清、服务能力不强、运行机制不活、工作效率不高的问题。成都市还通过建立农技、农机服务专业网站,土地股份合作社职业经纪人等主体提供及时的网上便捷服务,各类市场化主体得到了蓬勃发展,进一步发展了以乡村集体或合作经济组织为基础,特别是供销社系统的市场化改革和农产品流通体制的放活,使大量非政府主体进入农业生产资料的供给和农产品的收购、储存、加工、销售等服务市场,包括资金融通服务、市场信息服务、物资供应服务、生产作业服务和市场营销服务等。一些主体通过整合调优获得发展壮大，成长为新型农业社会化服务组织，为成都市农村土地股份合作社生产经营提供了便捷服务，各类技术服务机构不断兴起，推动了各种农业新技术在成都合作社农业中的应用。使政府承担起由市场、企业和个人无法有效提供的公共服务职能，从而使公共服务真正成为市场经济的稳定器和调节器，更好地发挥市场在资源配置中的基础性作用。成都市2010—2014年农业社会化服务机构变化表如表7-2所示。

表 7-2　成都市 2010—2014 年农业社会化服务机构变化表*

年份	农机服务公司	种苗公司	农资服务社	农产品超市	农产品购销公司	农产品运输公司
2010	26	62	42	7	14	16
2011	42	83	44	11	15	21
2012	46	96	45	15	16	23
2013	76	114	49	21	20	31
2014	84	125	52	22	23	33

*数据皆来自 2014 年成都市农委农业统计表整理。

通过表 7-2 我们可以看出，自从 2010 年第一家杨柳土地股份合作社成立以来，随着土地股份合作社的飞速发展和机制的完善，成都市的农业社会化服务机构也在飞速发展，通过产权或契约对各环节主体的联合经营，形成了一个利益共享的经济共同体，从而增强了市场竞争能力。

7.4　成都市土地股份合作社双重委托—代理经营博弈均衡

这种双重委托代理经营机制要实现博弈均衡，需要对机制不断地修正和完善，有两种情况可能影响规制的执行：一是规制本身并无问题，但其执行对个别成员的非理性行为施加了约束而遭到反对；二是规制本身不完善，其执行可能产生较多矛盾或不良影响而遭到不少质疑。对于第一种情况，应当引导当事人顾全大局并坚持执行规制。对于第二种情况，则应对原定规制进行修改、补充、完善，使其为大家认同与接受，再加以执行。但修改已经制定的内部规制应当慎重，只有当合作社多数成员赞成时才宜修改，否则，内部规制就只能朝令夕改，大家难以适从，自然也难以发挥统一成员意志、规范成员行为的作用。

7.4.1　土地利用的博弈均衡

土地利用博弈的主体是入社农户、合作社和职业经纪人，他们之间博弈的核心就是利益分红、土地的农用与非农用、粮用与非粮用的环节上，因为是契约协议的固定化机制，加上双重委托代理运行机制，在土地利用上可以视作静态双主体博弈。其博弈的具体运行机制表现为：

①合作社和入社农户的主要博弈着眼点是保证土地的收益分红和土地农用化，用于粮食生产。而职业经纪人从心理上宁愿把土地用于非农生产，走专业经济合作社的方式更容易获取收益，但合作社和入社农户（因有制度在先）却又反对职业经纪人对土地非农用的做法。因此，职业经纪人就想方设法地在土地经营上最大化收益。如果仅仅是为了经济收益的高低，三者可以很快达成协议，由农用转为非农用。但是，在制度框架内，职业经纪人只能通过提高复种指数、小春非农作物计划等方式增加土地收益并提升超产分享和独享收益部分。因为成都市农村土地股份合作社章程并未明确规定这种收益要与合作社、入社农户分享，所以，职业经纪人力图选取对自己最为有利或最为合理的方案对土地最大化利用。

②入社农户和合作社要求职业经纪人要保证农户的基本收益分红500元每亩，超产收益分红和10%的提留收益，要求职业经纪人是用于粮食生产。为防止职业经纪人违规违约使用土地的行为，就使用手中的监督权和决策权对职业经纪人土地利用方式进行规制。如果职业经纪人违约，则可能被解除合约关系，或者对利益分享重新界定（违背了合作社章程，至少三方都要承担风险）。于是，三者着重在土地用途上博弈，最终是在合作社章程中坚持土地的农业生产用途，按照事先的契约执行收益分享。

③成都市土地股份合作社以农户承包地使用权作为资产入股组建，但这一土地使用权资产仍属入社农户所有，且在土地承包期内不变，所有权属不因加入合作社而变更，实现了合作社制度运行的机制创新。

7.4.2　土地使用权委托的成本博弈

成都市农村土地股份合作社土地使用权的博弈方是合作社、入社农户和职业经纪人,这就涉及成本博弈问题,需要形成相对固定的机制,才能做到维护合作社发展的目的。

①农户将土地使用权委托给合作社的成本非常低,主要是搜寻成本和机会成本,只要认定合作社可以将委托的土地保障其分红收益的预期实现即可,体现在农户入社前搜索有关合作社的相关信息,未来可以获得的收益分享预期,然后是为加入合作社需要花费的时间成本,同时需要注意合作社代理土地使用权可能带来的道德风险与逆向选择问题,此时合作社要花费相当多的时间成本吸纳农户入社。

②合作社作为代理方将入社土地使用权委托给职业经纪人的成本越多,包括招聘和监督职业经纪人的搜寻成本、监督成本、不可控成本等,越要注意防范职业经纪人的违约成本,即对土地违规违约的经营。

③职业经纪人接受委托的成本主要是受聘的组织成本和受委托后的生产垫付成本,他们主要关注的是垫付成本的形式,以及如何少垫付,因为垫付生产成本数量相对可观,围绕垫付,职业经纪人希望农户垫付部分生产成本,收益后归还。因此,假定成都市农村土地股份合作社土地使用权委托的成本博弈只包括激励成本、监督成本、机会成本(因代理人所做决策并非最佳而产生的损失)、搜寻成本、不可控成本(在不完全契约下无法控制代理人进行不正当行为而导致委托人受到的损失)。

假设1:信息不对称性。

假设2:代理人为理性经济人。

假设3:委托人对代理人的激励是土地代理分红的最大化。

假设4:委托人监管代理人的成本最小化。

合作社为了搜寻合格的职业经纪人时间越长,不对称信息成本越小,找到适合合作社发展的职业经纪人的可能性越大。然而,搜寻时间的延长会导致边际收益递减。合作社获得职业经纪人的有效收益 $E(t)$ 是合作社搜寻时间 t 的增函数,但其增长幅度是递减的,一阶导数 $\frac{d_{E(t)}}{d_t}>0$ 恒成立,二阶导数 $\frac{d_{E(t)}^2}{d_t^2}\leq0$ 恒成立。同时搜寻需要成本,包括信息获取、人力成本、招聘成本等。假定搜寻成本 $C(t)$ 随着时间的延长而提高,且边际成本递增,即表达式为一阶导数 $\frac{d_{C(t)}}{d_t}>0$,二阶导数 $\frac{d_{C(t)}^2}{d_t^2}>0$。可知,合理搜寻的时间选择应该是获得代理人的边际收益等于边际成本,即 $\dfrac{d_{E(t)}}{d_t} = \dfrac{d_{C(t)}}{d_t}$,这时代表入社农户的合作社得到最大的净收益,付出的最优搜寻成本为 $E(t) = C(t)$ 时的 C。为减小代理人道德风险行为而付出的代价属于激励成本,它包括激励机制的设计成本和运行成本。委托人通过设计一定的约束机制来监督和控制代理人的道德行为同样可以降低代理人道德风险,减小其带来的损失。通过设计这种制度,农户对成都市农村土地股份合作社的委托成本降至最小化,合作社委托给代理人的成本也降到最小化,实现了前述的低成本委托代理机制。

7.4.3   土地使用权代理的收益博弈均衡

成都市农村土地股份合作社的职业经纪人知道合作社一方土地代理权是来自农户在自愿基础上组建的合作经济组织,并确切地掌握它的策略信息是为了农户年分红 500 元/亩的基本要求和超产收益的 50%,可能会对超额收益分红 5∶5 分成的合理性采取怀疑策略。如果职业经纪人盈利状况比较好,在基本收益的基础上要求利益分红,职业经纪人可能采取虚报经济状况的行为,故意隐瞒超出基本收益以外的收益状况。农户则根据已有的不完全信息对职业经纪人的经营情况进行监督,以保证实现自身 500 元/亩的基本收益,并且臆测职业经纪人收益会更高的行为,其采取的策略是力图增大或假定职业经纪人收益比实际产生(或者说是上报的)的更大,那么在契约签订中就为双方博弈留下了一定的余地,即契约规定,以保证入社农户 500 元/亩,在此基础上根据职业经纪人的收益,超出部分让农户参与分红。合作社作为集代理人和委托人于一体的中间方,也会参与到土地利用的博弈中来。其主要表现为:一方面职业经纪人既可以保证农户的基本分红,又能让农户超产分红,以此增强作为管理机构收取一定管理费的职能,同时与入社农户进行博弈,促使其不要对分红诉求太高,以保证职业经纪人的正常经营。合作社把最大化抽取的公积金等看作对入社农户土地使用权代理的收益,通过代理所获得的收益,最终的博弈结果是合作社只参与分享基本收益分红的 10% 作为提留,不参与其他收益分享。这种博弈主要由土地股份合作社的制度设计是否具有正向激励所决定(表 7-3)。

表 7-3　土地股份合作社收益的博弈模型(U_i 代表效用)

土地股份合作社农户	忽视激励	注重激励
积极对待	U_1	U_2
消极对待	U_3	U_4

假设土地股份合作社忽视激励的概率是 q,农户积极参与的概率是 p,在双方都消极对待时的效用 $U_3<0$,土地股份合作社的收益:

$$E=\left[U_1\cdot p+U_3(1-p)\right]\cdot q+\left[U_2\cdot p+U_4\cdot(1-p)\right]\cdot(1-q) \tag{7.1}$$

$$E_1=0\ 时,q=\frac{U_2\cdot P+U_4\cdot(1-P)}{(U_2-U_1)\cdot P+(U_4-U_3)\cdot(1-P)} \tag{7.2}$$

$$令\ q_0=\frac{U_2\cdot P+U_4\cdot(1-P)}{(U_2-U_1)\cdot P+(U_4-U_3)\cdot(1-P)} \tag{7.3}$$

若 $q<q_0$,则 $E>0$,此时土地股份合作社会选择忽视激励,农户也可获利。随着 q 的增加,农户收益也在增加,但是 E 在下降,此时土地股份合作社会选择注重激励,因此农户会因为激励的上升而积极对待使自己的利益上升。但激励成本也在随之增加,E 在上升一段时间后仍旧会下降。因此,为使土地股份合作社收益达到均衡,将 E 求一阶偏导,令其等于 0,便会求出均衡时的 p,q,此时的 E 则为均衡收益。

$$\begin{cases} \dfrac{\partial_E}{\partial_p}=0 \\[2mm] \dfrac{\partial_E}{\partial_q}=0 \end{cases} \tag{7.4}$$

$$\Rightarrow \begin{cases} q=\dfrac{U_4-U_2}{U_1\ U_2-U_3-U_4} \\[3mm] p=\dfrac{U_4-U_3}{U_1-U_2-U_3-U_4} \end{cases} \tag{7.5}$$

此时的 E 最大,为最终博弈均衡结果,即满足入社农户、职业经纪人和合作社三方的基本利益诉求,即"与此相关的任何一方都应该从新的计量系统中获得更多的利益",实现了博弈均衡结果。

根据博弈论理论分析成都市农村土地股份合作社双重委托代理经营机制发现,博弈要素主要包括入社农户、合作社和职业经纪人 3 个参与者,其采取的策略是委托代理的三方博弈,而不是两两博弈,其支付方式是入社农户将土地使用权委托给合作社,然后经合作社再次委托给职业经纪人代理,由职业经纪人垫付生产成本进行经营,从职业经纪人招聘、土地面积大小、收益分享比例到职业经纪人财务状况等信息完全公开透明,没有主导与从属地位的次序之分,其目的是实现入社农户、职业经纪人收益增加,不损害任何一方利益,三者相互制衡实现合作社双重委托代理机制的一种持续均衡。

7.5 成都市土地股份合作社委托—代理生产经营的激励

7.5.1 对入社农户的激励

合作社机制设计规定采取"基本收益分红 500 元/亩+超额收益分红"的收益分配方法,使入社农户对产额收益分红有一定预期。在没有特殊情况时,每亩基本收益是其最低保障,在此基础上,经营好坏会影响入社农户的超额收益分红部分,而超产部分是激励机制中最能激发入社农户的动力,这是他们最可预期的收益板块,也是最大的变数。因此,合作社机制对入社农户这种目标的设置使入社农户非常关注合作社的发展,包括积极监督、慎重决策、合理协商等,其目的是使入社农户能够充分行使自己的相关权利,关注合作社发展。这种收益分配方法体现了"惠顾返还"的原则。农户自己经营所获收入 y_1 以及产值 p_1;农户入社后分红 y_2 以及土地产值 p_2;基本分红 y_{21},超产分红 y_{22} 以及超产分红系数 k(即为对入社农户的激励),农户若入社后空余出的时间用于非农事劳务收入 y_3(y_3 是因为入社带来的结果比较明显,从入社农户的角度看,它是入社的一大激励,但不是合作社本身的激励行为)。

假定 1:代理经营后一定会增产。

假定 2:农户是理性经济人,可得:

$$\begin{cases} y_2 = y_{21} + y_{22} \\ y_{22} = k \cdot (p_2 - p_1) \end{cases} \tag{7.6}$$

在基本分红一定的情况下,若 $y_1 \geq y_2 + y_3$,即 $k \leq \dfrac{y_1 - y_3 - y_{21}}{p_2 - p_1}$,则农户不会选择

代理经营;若 $y_1 \leq y_2 + y_3$,即 $k \geq \dfrac{y_1 - y_3 - y_{21}}{p_2 - p_1}$,此时农户是为了自己利益的增加,会对

选择代理经营产生积极的作用。因此，$k \geqslant \dfrac{y_1 - y_3 - y_{21}}{p_2 - p_1}$，则对农户产生的激励作用是正向的。那么，对农户入社的激励符合他们对加入合作社的利益诉求，收益比较可靠，正如 Barnard 所说的"只有当成员在决策时相信权威制度的分配机制符合自己的长期利益时，他们才能并愿意接受这种安排"。而此阶段的成都市农村土地股份合作社的农户对这种制度信任度非常高，也愿意接受并推动了合作社的发展。这种双重委托代理的运行机制是农业生产经营组织的又一次机制变革，超越了目前土地加入经济组织的其他形式，在运行机制上也是一种创新。

本章在分析前面章节的基础上，对成都市土地股份合作社生产经营治理机制进行深入分析，从理论上探讨了主要研究土地股份合作社土地使用权的委托—代理机制，合作社对职业经纪人生产经营的监管机制、职业经纪人对农业生产经营的运作机制、委托—代理经营对相关主体的激励与约束机制等，探寻委托—代理生产经营模式的运行及调控机理，而土地股份合作社生产经营治理机制的绩效高低，入社农户的响应特征至关重要。因此，本部分主要从农户对成都市土地股份合作社生产经营制衡机制的响应特征入手，在对农户响应特征统计分析的基础上，进一步分析农户响应特征的决定因素，以明确成都市土地股份合作社生产经营制衡机制的绩效高低及其决定因素。

1) 农户对生产经营治理机制响应特征的统计分析

农户对生产经营治理机制的响应，可用农户对生产经营治理机制的满意程度加以衡量。通过入户访谈数据，样本农户对合作社生产经营制衡机制响应特征的统计分析如表 7-4 所示。

表 7-4　样本农户对合作社生产经营制衡机制响应特征的统计分析　　单位:%

变量 C	土地股份合作社					非土地股份合作社
	总体	粮油	蔬菜	水干果	其他	
非常满意	28.12	32.11	24.15	21.11	38.26	11.21
比较满意	23.23	24.22	27.89	29.25	23.21	26.73
基本满意	28.23	28.57	27.32	27.34	13.20	33.22
不太满意	16.25	13.35	18.25	19.23	15.78	21.31
极不满意	4.17	1.75	2.39	3.07	9.55	7.53

表 7-4 显示，样本农户对成都市土地股份合作社生产经营治理机制的满意

程度总体不错,"基本满意"以上的达到 79.58%,但与农户对主体权益关系制衡机制的满意程度相比相差甚远,"非常满意"农户的比重差异最大;所生产产品为粮油的农户满意程度最高,"基本满意"以上的达到 84.90%,可见粮油生产类土地合作社的生产经营治理机制能发挥较好的作用;所生产产品为蔬菜的农户满意程度较粮油土地股份合作社低,"基本满意"以上的为 79.36%;所生产产品为水干果的农户满意程度较蔬菜土地股份合作社低,"基本满意"以上的为 77.70%;其他类型土地股份合作社的农户满意程度最小,为 74.67%。而相对于土地股份合作社的总体水平,其他类型合作社的生产经营治理机制的农户满意程度要低得多,"基本满意"以上的仅有 71.16%。总体上,样本农户对成都市土地股份合作社生产经营治理机制的满意程度虽不算太高,但与成都市其他合作社主体权益关系制衡机制相比,成都市土地股份合作社生产经营治理机制的农户满意程度还是要高出许多。

2)农户响应特征决定因素的实证分析

(1)模型构建与变量选取

①模型构建。农户对成都市土地股份合作社生产经营制衡机制的响应,同样是一种心理状态,也是其价值判断的表现,涉及的影响因素是比较复杂的。本部分农户对成都市土地股份合作社生产经营制衡机制的响应特征,是通过农户对成都市土地股份合作社主体权益关系制衡机制的满意程度来衡量的。考虑到因变量同样属于多元选择的排序变量,本部分仍采用多元 Ordered Logit 模型进行实证分析。该模型的优势在于其既考虑了因变量的多类型性,还可以克服二元选择模型造成重要信息丢失的缺点。

设 Y^* 为未观察到的、隐含的指标变量,是农户对成都市土地股份合作社生产经营制衡机制响应中无法直接测度的主观评价,Y^* 取决于其影响因素 X;Y 为观测到的响应变量,本书将其定义为 1(不满意),2(不太满意),3(基本满意),4(比较满意)和 5(十分满意)5 个等级。假设 Y^* 满足:

$$Y^* = X\beta + \varepsilon$$

其中,X 为解释变量向量,β 为待估计参数向量,ε 为随机误差项。依据 Y^* 来定义 Y,需要取 δ_1,δ_2,δ_3 和 δ_4 4 个临界值,两者关系如下:

若 $Y^* < \delta_1$,则 $Y = 1$,Y 取该值的概率为:$F(\delta_1 - X\beta)$。

若 $\delta_1 \leqslant Y^* < \delta_2$,则 $Y = 2$,Y 取该值的概率为:$F(\delta_2 - X\beta) - F(\delta_1 - X\beta)$。

若 $\delta_2 \leqslant Y^* < \delta_3$,则 $Y = 3$,Y 取该值的概率为:$F(\delta_3 - X\beta) - F(\delta_2 - X\beta)$。

若 $\delta_3 \leqslant Y^* < \delta_4$,则 $Y = 4$,Y 取该值的概率为:$F(\delta_4 - X\beta) - F(\delta_3 - X\beta)$。

若 $Y^* \geqslant \delta_4$,则 $Y = 5$,Y 取该值的概率为:$1 - F(\delta_4 - X\beta)$。

②变量选取。农户对合作社生产经营治理机制的满意程度,主要由农户所加入合作社对农户生产经营决策可参与程度和合作社经纪人的特征来决定。本书分别选取农户所在合作社生产经营决策民主性,所在合作社经营过程可监督程度,经纪人或负责人年龄,经纪人或负责人健康状况,经纪人或负责人受教育程度,经纪人或负责人农业技能水平,所在合作社所生产产品的类型,所在合作社是否为土地股份合作社 8 个解释变量来考察其与被解释变量(农户合作社生产经营治理机制满意度)的关联关系。综上,农户生产经营治理机制响应模型的变量名称及代码,定义与赋值如表 7-5 所示。

表 7-5　农户生产经营治理机制响应模型的变量名称及代码、定义与赋值

名称及代码	定义与赋值
农户满意程度(Y)	非常满意=5,比较满意=4,基本满意=3,不太满意=2,不满意=1
所在合作社经营决策民主程度(X_1)	很高=5,比较高=4,一般=3,较低=2,极低=1
所在合作社经营可监督程度(X_2)	很高=5,比较高=4,一般=3,较低=2,极低=1
经纪人或负责人年龄(X_3)	经纪人或负责人的实际年龄
经纪人或负责人健康状况(X_4)	很高=5,比较高=4,一般=3,较低=2,极低=1
经纪人或负责人受教育程度(X_5)	很高=5,比较高=4,一般=3,较低=2,极低=1
经纪人或负责人农业技能水平(X_6)	很高=5,比较高=4,一般=3,较低=2,极低=1
所在合作社所生产农产品类型(X_7)	粮油=1,蔬菜=2,水干果=3,畜禽养殖=4,多类型=5,其他=6
所在合作社是否为土地合作社(X_8)	是=1,否=0

(2)模型估计结果与讨论

本部分将使用 Eviews 6.0 计量经济学软件,在相关性分析排除共线性问题的基础上,对 1 500 个样本农户的数据进行多元 Ordered Logit 模型的处理,该模型中存在的异方差用稳健标准误直接校正,农户生产经营制衡机制响应模型的估计结果如表 7-6 所示。结果显示,模型的参数估计量符合经济意义,似然比统计量(LR Statistic)为 411.57,高度显著,表明模型拟合较好。

表 7-6　农户生产经营制衡机制响应模型的估计结果

变量	系数	Z 值
C	10.114 4(0.66)	1.209 0
X_1	0.696 2(0.31)***	5.550 8
X_2	0.709 4(0.25)**	4.510 1
X_3	2.418 7(0.55)	2.404 7
X_4	0.791 7(0.96)	1.017 5
X_5	3.108 9(0.13)*	7.149 0
X_6	5.205 5(0.39)**	5.198 7
X_7	0.027 4(0.03)***	9.137 2
X_8	0.017 4(0.26)*	2.185 1
Pseudo R-squared	0.331 9	
Log Likelihood	−495.141 1	
LR Statistic	373.712 9	
Prob(LR Statistic)	0.000 0	

　　农户生产经营治理机制响应模型的估计结果显示,农户所在合作社生产经营决策民主性,所在合作社经营过程可监督程度,经纪人或负责人受教育程度,经纪人或负责人农业技能水平,所在合作社所生产产品的类型,所在合作社是否为土地股份合作社等均通过了显著性检验,说明这些因素均在不同程度上对农户的合作社生产经营治理机制满意程度产生不可忽视的影响。而经纪人或负责人年龄、健康状况对农户的合作社生产经营治理机制满意程度影响虽然为正,却未能通过显著性检验,这可能与合作社经纪人或负责人普遍年龄为中年,且差异不大等直接相关。在通过显著性检验的各种因素中,农户所在合作社经纪人或负责人农业技能水平对农户满意程度的影响最大,系数值达到5.205 5,显著性水平也达到5%,说明合作社经纪人或负责人农业技能水平对合作社生产经营治理的效率具有重要影响。所在合作社经纪人或负责人对农户满意程度的影响次之,系数值为3.108 9,而显著性水平仅达到10%,说明合作社经纪人或负责人受教育程度虽然作用较大,但在不同合作社中的差异尚未凸显,这与农村居民水平教育水平接近有关。所在合作社生产经营决策民主性,所在合作社经营过程可

监督程度对农户满意度的影响强度基本接近,系数分别为0.696 2和0.709 4,但后者对农户满意程度的影响更显著。所在合作社生产产品的类型,所在合作社是否为土地股份合作社对农户满意度的影响强度基本接近且均较小,系数分别为0.027 4和0.011 1,但前者对农户满意程度的影响更显著。总体上,估计结果对前文的理论分析作出了较为全面的印证。

7.5.2 对职业经纪人的激励

在成都市的土地股份合作经营机制中,职业经纪人的收益主要来源于农业生产和农业服务两个部分。职业经纪人与合作社的博弈,双方事先达成收益分配比例,职业经纪人越努力,获得的盈利也就越多。职业经纪人在提高农户分红的同时,也增加了自己的收入,这是职业经纪人与合作社和入社农户合作的最大激励,包括基本收益、超额收益和种植补贴收益。职业经纪人作为合作社土地经营的代理人,是为了获取利润。在土地分红标准既定和土地规模稳定(100亩左右)的情况下,一对青年夫妇作为职业经纪人可获纯收入5万~8万元。

假定合作社和职业经纪人都是风险中性或风险规避者,设职业经纪人的工作质量 e 满足 $0 \leqslant e \leqslant 1$,职业经纪人的成本付出 $C=c(e)$ 满足 $c'(e)>0$,$c''(e)>0$,职业经纪人经营土地的收益函数 $\pi(e)$ 满足 $\pi'(e)>0$,$\pi''(e)<0$。在合作社难以监控职业经纪人工作质量的情况下,假设职业经纪人与合作社商定将盈余 $\gamma(0<\gamma<1)$ 的比例分给合作社,$(1-r)$ 的比例分配给职业经纪人。

令职业经纪人的收益为 $R(J)$,当职业经纪人从中分红时,收益为:

$$R_1(J) = (1-r)\left[\pi(e)-c(e)\right] \tag{7.7}$$

将职业经纪人的行为转化为优化问题的解:

$$\max; R_1(J) = (1-r)\left[\pi(e)-c(e)\right] \tag{7.8}$$

根据最大优问题的一阶条件,有:

$$(1-r)\pi'(e^*) = c'(e^*) \tag{7.9}$$

$$\pi'(e^*) = \frac{c'(e^*)}{1-r} \tag{7.10}$$

如果给职业经纪人固定回报 S,则:

$$R_2(J) = S - c(e) \tag{7.11}$$

根据最大化问题的一阶条件有:

$$c'(e^{**}) = 0$$

由于 $c'(e)>0, c''(e)>0$ 可知：

$e^{**}<e^*$

即固定收益下,职业经纪人将不付出努力,而且没有与入社农户盈余分享,不符合制度约定。因此,该假设不成立,也没有激励效果,与实际制度设计并不相符。反过来证明了成都市农村土地股份合作社的制度激励是有效的。

但是,职业经纪人获取收益存在可预期性和不确定性。由于农业的自然风险和市场风险,职业经纪人在农业生产环节的收益往往有一定程度的不确定性。在风调雨顺的年份,由于职业经纪人是在制订好整年生产计划并提交土地股份合作社交由社员大会表决通过才进行生产组织,职业经纪人非常清楚自己所管理和经营土地的大概产出规模和效益,职业经纪人获取的收益是可以预期的。但遇上自然灾害,职业经纪人只能尽其所能减少土地收益的损失。又因为职业经纪人获取的土地收益与土地的实际产出相挂钩,就存在很大的不确定性。在非生产环节,职业经纪人依靠市场信息来源与信息的传递、产品的销售、技术的推广获取收益。这部分收益通常以合同订单的形式约定,所以具有较强可预期性。

7.5.3 对合作社组织的激励

在成都市农村土地股份合作社中,合作社将土地委托给职业经纪人经营,其主要收益为职业经纪人固定比例的提留收益和政府补贴收益(非生产性补贴,因为农业生产补贴归职业经纪人独享),以及各种补贴收益,以满足合作社能够持续运行的支出需求。主要有两部分经济收益:一是成都市 1 000 万元针对粮油生产合作社的专项补贴,根据合作社的规模和运行情况进行划拨,直接归合作社组织所有,最终得到的补贴大小不一,这就激励了合作社从规模、制度设计、制度运行上下功夫,保证合作社的可持续发展。二是职业经纪人盈余返还中 10%的提留部分,即合作社农业产值减去生产成本的 10%,这是比较小的一部分,每个合作社每次大约提成几千元。但是,合作社也开展一些对内对外农业服务,如第一家粮油生产合作社作为典型样本成为国内其他粮油生产合作社参观试点,他们通过相关的服务,可以收取服务费、资料费等,保证合作社基本运行所需。他们运行至今,还没有发生财政赤字的情况,足以说明他们对土地股份合作社的激励比较到位,使之顺利运行。另外,一个比较重要的特点是土地股份合作社的理事会理事长、监理会监事长是由村干部兼任,他们的政绩考核就由土地股份合作社发展状态体现出来,在政治上保障了合作社发展的激励,促使合作社想方设法地推进自身的长远发展。

　　土地股份合作社生产经营方式选择是其治理的又一重要内容,采用什么样的方法和手段进行生产经营,对农业发展、效率与效益、相关主体收益具有决定性作用。土地股份合作社无论以什么组织方式进行生产经营,都应当应用现代先进科学技术、设施、设备、工具(特别是农业机械)进行生产经营,以提高资源(特别是土地)产出率和劳动生产率,并体现现代农业社会、市场化的要求。例如,选用优良品种,采用先进适用的种植及养殖技术,应用农机精准作业,实施规模化、专业化生产等。这些选择虽然应该由生产经营者完成,其他主体不应干涉,但生产经营者的选择要受到客观条件的约束。如先进技术的应用需要有技术提供和服务体系,农机应用也需要有相应的社会化服务体系及相应的农田设施,优质高效生产资料的使用需要有农资供给服务体系,社会化、市场化生产经营需要营销服务体系,生产经营投入需要金融服务体系等。土地股份合作社在力所能及的范围内,为生产经营者创造更好的选择条件,对生产经营方式选择治理显得十分重要。

第8章　成都市土地股份合作社的收益分享治理机制

土地股份合作社的收益分享,既关系到3类主体的经济利益,也体现3类主体的经济权利,并由此对合作社的巩固、运行、发展产生重大影响。收益的公平合理分享,可以增强各类主体的凝聚力,激发共同推动股份合作社发展壮大的积极性。如果出现偏差,就会引发主体间的利益矛盾与冲突,严重时甚至可能导致土地股份合作社解体。主体间的收益分享互竞性强、不易协调、治理难度大,但如果在内部分享规制建设,分享标准确定,分享方式选择上有所突破,治理也可以取得较好效果。

8.1　土地股份合作社的收益

8.1.1　土地股份合作社的收益来源

合作社的收益来源是3类主体各类收益的总和,主要包括经纪人生产经营收益(该部分收益分为入社农户的基本收益和超产收益、合作社的10%提留和职业经纪人的超产剩余),政府生产经营补贴(政府对职业经纪人或者农业生产活动者的种粮补贴,每亩每年按照260元进行生产补贴,这部分补贴归职业经纪人独享)。另外,还有政府管理补贴(政府对合作社发展给予的奖励和激励,只是对合作社本身管理行为的奖励和激励,这部分收益归合作社机构独享),政府奖励(针对全部合作社发展情况,成都市政府每年拿出1 000万元用于对合作社发展的奖励,每年选择100家合作社作为样板进行奖励),社会捐助(只有少量的合作社能够得到社会捐助,这部分在合作社收入来源中所占比例很小)等少量的收益来源。以 2014 年整个合作社收益来看,其总值达到了 4.54 多亿元。但是,收益内部分享规制建设(制定)是为收益分享确定规则,制定出这样的规则并得到各主体的赞同,就可以使收益分享有规可循,一些利益矛盾和冲突也便于解决。收益内部分享规制应当包括土地股份合作社收益来源及分类,不同类型收益归属主体确认,收益分享依据及其认定,收益分享方式确定及实施办法选择,收益分享基本方案制定及特殊情况下的调整,争端解决办法等内容。分享规制的科学性、系统性、完整性,对土地股份合作社收益分享的合理性、公平性具有决定性影响,应当将其制定好。为此,应当按照严格的程序,组织各主体充分参与,广泛听取各方面的意见与诉求,经反复讨论、修改、完善,最终形成一个为各主体所认同又便于操作的利益分享规则。这一规则一旦形成,各方就必须遵守。只有当情况发生大的变化时,经土地股份合作社多数主体同意方可修改。合作社只提取少量公积金,它直接关系到入社农户的土地利益、生产经营者的劳动所得以及自身的巩固与发展。在土地股份合作社收益有限的情况下,相关主体(特别是入社农户和生产经营者两个主要主体)在收益分享上存在互竞关系,需要有一套机制加以协调与平衡。在实际操作过程中,土地股份合作社有分享依据、分享标准、分享方式等。这种制度安排实际上能够有效地提升合作社管理的积极性,使成都市土地股份合作社成为一个集三方利益关联和共享的天然集合体,且相互制衡,为机制创新奠定基础。

8.1.2 土地股份合作社收益水平

土地股份合作社的收益除少数来源于政府扶助和社会捐赠外,主要来源于生产经营所得。这一所得一方面来源于投入的自然资源,另一方面来源于投入的资金和物资,再一方面来源于投入的劳动。投入的资金和物资可以作为成本扣除,其余部分可以在相关主体间分享。合作社总体收益水平在逐年增加,特别是 2013 年和 2014 年(表 8-1,仅仅是合作社一类主体的收益,它所占比例为10%,那么合作社总体收益则是合作社主体收益的 10 倍),因为成都市土地股份合作社是 2010 年年底才尝试成立了第一家,所以 2011 年和 2012 年相对而言其收益水平并不高,但增长态势良好。

表 8-1　成都市土地股份合作社总收益水平表(万元)*

	2011	2012	2013	2014
土地股份合作社	13 533.49	21 574.24	47 329.60	45 414.57

*数据皆来自 2013 年和 2014 年成都市实地问卷调查整理。

由表 8-1 可以看到 2011—2014 年土地股份合作社的收益水平情况。
2011—2014 年成都市的土地股份合作社分别为 661,891,1 340,1 297 家,平均计算,每家合作社 2011—2014 年土地收益总值分别为 204 742.7,242 135.1,352 306.0,350 150.9 元。

表 8-2　成都市各区县土地合作社收益所占总体百分比(%)*

	2011 年	2012 年	2013 年	2014 年
龙泉驿	0	0	0.16	0.48
青白江	0	0	1.21	1.23
新都区	6.97	5.06	1.85	0
温江区	5.12	3.72	0	0
金堂县	8.01	7.15	6.28	7.34
双流县	1.44	1.05	0.53	0.54
郫县	0	0	2.67	0
大邑县	0	0	3.23	0
浦江县	5.44	3.95	0.32	0
新津县	1.55	1.12	2.33	2.36
都江堰	0	0	1.46	0
彭州市	3.81	7.76	5.65	0
邛崃市	0	0	3.56	0
崇州市	67.65	70.2	70.73	88.06

*数据皆来自四川省农业厅 2011—2014 年土地股份合作社基本情况汇总表整理。

由表 8-2 可以看出,作为合作社发展成熟样本的崇州市合作社集体收益占成都市合作社总体收益的比率非常高,平均到每个合作社最高总收益达35 230.60元(仅仅是生产经营收益部分,不含政府补贴、政府奖励等),这些收益加上政府管理补贴对合作社履行日常管理绰绰有余,在相当程度上克服了代理人的道德风险和逆向选择概率(防止了收益的相互挤占),这是合作社收益机制的精髓所在。

8.1.3　土地股份合作社收益波动

从合作社总体收益看,它是从 2011 年的 1.35 亿多元到 2014 年的 4.54 亿多元在逐步增加,而且发展态势良好,越发展整体收益越好。从合作社总收益水平看,从 2011 年到 2014 年分别是 1.35 亿元,2.15 亿元,4.73 亿元和 4.54 亿元,其收益水平是有所波动的(即便刨除合作社数量的增减),不仅仅是呈现增长态势的,2012 年比 2011 年略有增长,而 2013 年比 2012 年有较大增长。但 2014 年与 2013 年相比则略有下降,虽然 2014 年合作社的总数量比 2013 年少了 43 家,每家合作社的收益总值不过 30 多万元。但从总收益的角度看,2014 年比 2013 年少了 2 100 多万元,这说明合作社这种收益水平的波动是符合粮食生产规律的,即看天吃饭和市场经济价格波动等都对合作社的收益有影响,个别年份影响稍微大一些,有些年份影响小一些,是符合市场经济特征的。与 Csterberg Peter 和 Nilsson Jerker 对瑞典的 2 250 位农民调查对合作社本身发展满意度的答案,得出合作组织成功程度与成员属性关联程度的结论,同样适用于成都市农村土地股份合作社收益波动的考察。机制设计了这个波动由所有入社农户共同分摊自然会减弱波动的冲击效应,入社农户愿意承担这种波动,对该机制充分支持,并没有影响合作社组织本身的存在与发展。同时,保证职业经纪人和入社农户对该机制有一定的信任度,如果合作社不管生产收益状况,收取固定额度的提留,在生产经营状况不好的年份,入社农户和职业经纪人对此会有不满情绪,会导致合作社的不稳定。所以,该分享机制有利于维护合作社的发展,即使合作社本身的收益是波动的,有时甚至比较低的额度。

8.2　土地股份合作社收益的农户分享机制

8.2.1　土地股份合作社收益的农户优先分享

既然合作社的 3 个主体中入社农户是核心,那么其收益分享的机制分配中自然要凸显入社农户的核心地位,即收益分享的农户优先机制。成都市农村土地股份合作社在利益分享中,入社农户是当仁不让的第一主体。成都市发展土地股份合作社的主要目的是维护农户的土地基本权利,增加农民土地收益,这也要求土地股份合作社的收益把入社农户放在首位。成都市的做法是参照当地粮油生产获利的平均水平,事先和入社农户达成共识。不是盲目满足农户不切实际的土地分红要求,而是本着实事求是、认真负责的态度让农户自愿加入合作社,把参照当地粮油生产获利的平均水平作为入社农户保底分红的基本标准,入社土地的分红一般分为基本分红和超产分红两部分,基本分红按多数农民入社前的单位面积土地盈利水平确定,超产分红是在基本分红基础上对超产部分(以多数农民入社前的平均单产水平为基准)的二次分红,即超产部分分给农民的部分是50%。无论职业经纪人生产经营状况如何,要优先保证入社农户的基本收益500元/亩优先分享,否则就由职业经纪人自己赔付。通过土地股份合作社对受委托的职业经纪人赋予入社农户土地使用权时先期限定的手段保证入社农户基本分红落到实处,真正能够进入入社农户自己的口袋,达到土地股份合作社收益分享中的农户优先分享的机制创新。这样一来,入社农民的土地分红收益会随着合作社的稳定发展而不断提高,从每亩土地入社前后的收益增加情况(表8-3)可以明显看出,入社农户优先分享收益的机制设计使入社农户的收益增加。这符合罗虚代尔公平先锋合作社"基于个人持有的资本获得利息,而且,工人们拥有基于工资分配利润份额作为红利的权利"原则,优先保证入社农户的收益分享是合作社组织存在的前提条件。

表8-3　农户入社前后家庭收入对比　　　　　单位:元/年*

入社前后	年份	亩耕地获利
入社前	2008	303
	2009	453.5
	2010	465.5
入社后	2011	896.2
	2012	1 039.03
	2013	1 050.97
	2014	1 163.60

*数据皆来自2013年和2014年成都市实地问卷调查整理。

表8-3反映了1 500户农户入社前后家庭收入的变动情况。从表8-3来看,农户入社前,即2008—2010年,农户的亩耕地获利分别为303元、453.5元、465.5元,这是优先分享机制之前的收益状况。但是,入社后农户的亩耕地获利有了显著提高,2011年亩耕地获利达到了896.2元,增长幅度几乎成倍。2014年更是攀升至1 163.6元,是入社前收益的2.5倍(按入社前农户的最高收益计算,否则

会更高）。即便除开每亩土地500元的首先分享额度，农户土地每亩的收益也比入社前获利水平高。可以毫不客气地说，这是入社农户优先分享机制带来的好处，即没有优先分享机制保障前的自营获利水平还比不上优先分享的固定部分，他们是不是受到了布阿吉尔贝尔农业高尚论的影响不得而知，但确实有利于农民福利的改进，这是土地股份合作社机制创新的重点和首要任务。

8.2.2 土地股份合作社收益的农户基准分红分享

合作社收益分享机制中首先规定入社农户的基准分红是固定数目，按照500元/亩的折值入股计算，之所以选择这个基准分红的标准，主要是根据农户入社前每年每亩土地收益水平而定，在适度降低的基础上，增加超产分红收益部分的50%作为预期收益，充分调动各方积极性。这种基准分红的方式是在充分调研和协商的基础上做出的，是入社农户一致同意的结果。入社农户获得的是土地使用权的红利，来源于土地生产经营。由于不同农产品生产的单位面积增加值存在较大差异，因此合作社的收益分享首先依据土地生产经营方向和类别确定，也就是依据土地生产经营增加值的高低确定。如粮食、油料生产的增加值较低，蔬菜、水果生产的增加值较高，土地用于粮油生产和用于果蔬生产的收益分享就是不同的。该机制首先保证入社农户的土地收益权益，而且入社农户的预期收益应该不会低于分散经营时的状态。

假定农户自己经营所获收入 y_1 以及产值 p_1；农户入社后分红 y_2 以及土地产值 p_2；基本分红 y_{21} 以及基本分红比例 k，超产分红 y_{22}，农户若入社后空出的时间用于其他事务的收入 y_3。

假设1：超产分红相当于农户意外收入，且 y_3 一定；

假定2：代理经营后一定会增产；

假定3：农户是理性经济人。

可得到方程组：$y_{21} = k \cdot p_1$

因为超产分红是变动的，因此当 $y_1 \geqslant y_{21} + y_3$，即 $k \leqslant \dfrac{y_1 - y_3}{p_1}$ 时，农户的利益没有得到提高，不会入社；当 $y_1 < y_{21} + y_3$，即 $k > \dfrac{y_1 - y_3}{p_1}$ 时，收入有提高，在利己主义驱使下，会自愿加入合作社。因此，农户的基本分红系数大于 $\dfrac{y_1 - y_3}{p_1}$ 的概率比较大，从而实现入社农户对基准分红的分享。如果农民的土地权益诉求不能得到满足，农户就不会加入土地股份合作社或退出合作社,从而造成这一组织载体的缺失或软弱,其机制创新功能便无从谈起。

8.2.3 土地股份合作社的农户超产收益分红分享

收益分享机制规定当入社农户实现了基本收益分红后,超产收益分红也是入社农户收益增加的不确定部分,或是更值得预期的"大头",这种分享是以土地折合的股份进行计算,股份比例大,分红自然就多,但是仍然存在着分红变动的问题,突出表现在职业经纪人的经营状态与自然灾害上。因为,根据合作社收益分享机制规定,农户除了获得土地入股的固定收益,还要分享土地增值收益。成都市土地股份合作社采取"保底+分红"的形式。农户在按入股土地面积获得保底分红的基础上,再按超产分红50%与职业经纪人分享。其目的是保持合作社发展的基础不会动摇,即农户不会退社,让其具备最低的保底收益,然后激励其对机制安排的决策、监督权落实,积极参与合作社发展,让其50%的超产分红预期更高。这个50%的比率分配关系既是手段又是目的,也是机制设定充分,有激励,容易达成共识,形成利益体共同体,使农户亩均获利水平有了大幅度提高,更加充实了家庭土地总收益水平(表8-4)。

表8-4　农户入社后土地收益及家庭土地总收益对比*

时间阶段	年份	亩耕地超产获利 (单位:元/亩/年)	家庭超产总收入 (单位:家均4亩)
入社后	2011	396.20	1 584.80
	2012	539.03	2 156.12
	2013	550.97	2 203.88
	2014	663.60	2 654.40

*数据皆来自2013年和2014年成都市实地问卷调查整理。

通过表8-3与表8-4的对比发现,在农户入社之后超产收益增加值比入社前总收益还要高,农户家庭超产总收益比入社前增加了1倍多,这是农户加入合作社之后分享超产收益机制效应。Harkins和Jackson实验研究很好地解释了职业经纪人受到的激励源自他们意识到其经济效益能够与同类型的合作社职业经纪人相比较,使之意识到竞争压力,导致职业经纪人通过学习、对比、模仿和创新等理性行为过程来努力提高超产收益水平,提升超产收益额度。它的增加,意味着入社农户超产收益的增加,能够提升多方的生产积极性。

8.3　土地股份合作社组织对收益的分享机制

在土地股份合作社的3类主体中,入社农户和职业经纪人都希望从农业发展中获取更多收益,合作社组织虽然是入社农户的代表而不应该有独立的经济利益,但其运转需要投入,发展需要积累,也要占有一定的收益。收益分享关系到各类主体及成员的切身经济利益,体现他们在土地股份合作社中的地位与权利,因此备受重视。收益分享的关键是公平与合理。公平是各主体及成员能分享自己应有的收益,合理是各主体及成员分享的收益都有充分的理由和可考的依据。收益的公平合理分享是一种凝聚剂,可以团结所有主体及成员共同推动土地股份合作社的健康运行和发展。所谓收益分享治理,就是要确保这种公平性和合理性。收益分享应当分类治理,即不同来源的收益应有不同的分享方式。土地股份合作社的收益主要有3个来源:一是生产经营收益、构成收益的主体;二是政府补贴、构成收益的补充;三是政府的奖励及社会捐赠、构成随机辅助。按"谁贡献,谁分享"的原则,入社农户为生产经营提供了土地,合作社组织为生产经营提供了组织管理,职业经纪人完成了生产经营活动,生产经营收益应当在这3类主体及成员间分享,农业基础设施建设补贴应由合作社组织专款专用。政府奖励给合作社组织的钱物应作为公产,其收益应在入社农户与合作社组织间分享,而政府奖励给职业经纪人的钱、物应由其分享,社会捐赠的钱物可按政府奖励的办法分享。如此分类治理,不同来源收益的分享主体便被明确,某些来源的收益分享办法也被确定。

8.3.1　土地股份合作社对收益的间接分享

土地股份合作社作为非营利的服务机构,没有独立利益,董事会和监事会也没有报酬,并且目前成都市大部分土地股份合作社的董事长和监事长都由行政村一级的干部兼任,按理说不应当作为土地收益的分配主体。但是,由于现阶段成都市土地股份合作社的运行机制还不完善,市场化服务体制也不健全,需要合作社在其中扮演更为重要的角色,不光是组织动员和监督的责任,更多的时候可能需要对生产经营和日常管理提供一定的资金帮助,因此,在现阶段的土地股份合作社运行中,合作社可以在收益分配中获得少量经费,其余收益全部按入社土地面积直接分配给农户,明确了合作社自身应该对收益的一种间接分享问题。

理由很简单,作为一个要持续发展的机构,必须要有收益,这是为了组织经济体正常运转和持续发展的费用支出。美国管理之父彼得·德鲁克在《哈佛商业评论》上撰文指出:"作为一种度量全要素生产率的关键指标,'剩余收益'反映了管理价值的所有方面。"管理需要成本,成本的来源要有一定的间接分享,不然其支出成本无法保障,会严重制约经济体自身的发展。而合作社章程机制规则不能与农户、职业经纪人争利,就只能分享土地收益的10%,这是间接的,限制比例固定,准确地说,是比较小的比例。作为经营性主体的组织形式基本维持费的间接分享的必需部分,韦茨曼的利润分享理论虽然明确界定的是工人与厂商的收益间接分享问题,但实质上,从组织结构及运行看,成都市农村土地股份合作社对收益的间接分享仍然适用于该分析框架,即合作社的收益不能过高,侵占农户的利润空间,尤其是作为集代理和委托于一身的"中间组织",《中华人民共和国农民专业合作社法》第三十五条、三十六条、三十七条可以证实这个结论。

8.3.2　土地股份合作社的公积和公益收益分享

成都市土地股份合作社参照《中华人民共和国农民专业合作社法》第三十七条,合作社的可分配盈余由合作社机制规定,合作社将可分配盈余按照相关规定返还或者分配给成员,并且自身保留其总额的10%,其他的政府性补贴收益、服务性补贴收益等合作社的公积和公益收益都是合作社独享。但这种独享的收益并不是用于合作社管理人员或者小金库的福利,而是为合作社发展和日常运转所用。在合作社运行中,出于谨慎性经营考虑,需要从所获利润中提取一定比例的数额作为公积金、公益金等公共积累部分,以弥补之前年度可能出现的亏损,有利于保障合作社交易安全,维护社员利益。合作社如果出现亏损,可以由公积金弥补(以前积累弥补)和以后盈利弥补。以后盈利补亏可能会损害新增加社员利益,合作社采用以前积累补亏更符合社员的利益—风险一致期望。用以前积累(甚至出资)补亏,社员按惠顾额比例进行分担亏损符合利益与风险对等原则。其中,一个不明确的问题是:现行合作社的公积和公益收益总量较小,并不会引起任何分配的矛盾冲突,这只是未来可能存在的问题之一。因此,根据有可能发生的风险,我们为合作社公积和公益收益较大时设计了一套分配方案。假定每个成员出资为 a_i,总资产为 A,公积金为 r。则每个农户获得的公积金 $y_i = \frac{a_i}{A} \cdot r$;每个农户与该社交易额(量)比例为 k_i,每个农户获得的盈余 $e_{1i} = k_i \cdot E$,且

$\sum_{i=1}^{n} e_{1i} > 0.6 \cdot E$；每个农户还可获得盈余 $e_{2i} = \dfrac{a_i}{A} \cdot \left(E - \sum_{i=1}^{n} e_{1i} \right)$。由此可知：

$\sum_{i=1}^{n} y_i + \sum_{i=1}^{n} e_{1i} + \sum_{i=1}^{n} e_{2i} = r + E$，即所有人分配到的公积金和盈余等于总的公积金与可分配盈余。不过，以现在的公积和公益收益较小的总量看，成都市土地合作社的公积金和公益收入全部用于农户，并没有任何盈利目的，只是作为发展基金之用，保证合作社的正常发展所需罢了。但这种资源是可再生的，且稀缺而不充足，有可能引起资源使用者之间的相互伤害，这部分资源行使公共服务时，会产生社会影响，其根本目的应该是团体或者社会服务，而不是合作社自身的消费。埃莉诺·奥斯特罗姆认为，它不应该是令人悲观的"利维坦"方案或彻底的私有化，恰恰是一种可预期的合作社发展储备，该储备又在相当程度上促进了合作社收益机制发挥更好的"中间组织"作用，更好地为入社农户和代理土地的职业经纪人服务。

8.3.3　土地股份合作社的政府奖励和补贴收益

土地股份合作社作为非营利的服务机构，鉴于目前成都市大部分土地股份合作社的董事长和监事长都是由行政村干部兼任，董事会和监事会也没有收益安排，合作社按理说不应成为土地收益的分配主体。但由于成都市土地股份合作社现阶段的运行机制还不完善，市场化服务体制也不健全，需要合作社在其中扮演更为重要的角色，不仅是组织动员和监督的责任，更多的时候可能还需要对合作社生产经营和日常管理提供资金帮助。因此，在现阶段的土地股份合作社运行中，政府给合作社安排了少量经费，政府一般从入社土地面积和经营状况实行奖励，主要是支撑性补贴和应急性补贴两个部分。

①支撑性补贴。为了提高粮食生产活动的基础条件建设和维护保养等补贴。

②应急性补贴。帮助生产者应对自然风险，弥补或减少粮食生产者的损失，对其提供的现金或实物等财政补贴。

成都市的土地股份合作社为了得到足够的政府补贴和财政拨款，它们会根据政府的要求增加入社土地面积，以此增强拨款和补贴额度，这就是 M.Haitham 的政府在农业经济中的分权理论实践，即对农业推广、研究、投入产出的领域，地方政府与合作社组织服务功能要分散化，在一定程度上促进农业市场在一定范围内有效竞争，保证农业生产顺利发展，成都市政府对合作社的政府管理补贴可视为服务功能的分散化模式,而不是为了补贴而补贴。

8.4 土地股份合作社的职业经纪人收益分享机制

职业经纪人分享生产经营收益是以从事其生产经营的收益为参照,如果生产经营收益与补贴收益之和不低于参照便是可以接受的。按照这一思路分享生产经营收益,易于达到公平合理。

8.4.1 土地股份合作社收益的职业经纪人"剩余"分享

"剩余"是指超过了补偿劳动者自身耗费的脑力和体力价值(即劳动力价值)后的增值部分,这部分是由职业经纪人的努力生产、善于经营、加大投入、政府补贴等构成。因此,按照剩余索取权理论,风险的真正承担者就最有资格索取剩余分享,在合作社的结构体系中,职业经纪人是风险承担者,从剩余分享额度上看应该最多。"剩余"越多,职业经纪人分享的越多。这部分分享主要由两部分构成,一部分是生产增值的50%,即超额收益分红;另一部分是政府对农业生产补贴。但并不代表这是恒定的,"剩余"分享是有变动的,主要的变动部分是生产增值部分的"剩余"分享,当生产经营遇到难以抗拒的自然风险和市场风险时,职业经纪人是唯一的风险承担者。在不遭受自然灾害的情况下,职业经纪人的"剩余"分享最多,而政府生产性补贴部分相对固定,这部分"剩余"独享波动不大,除非国家关于农业生产的补贴政策频发波动,每个职业经纪人每年总收益平均5万~8万元,相当于10多个入社农户总收益之和。

图8-1折线图表明2010—2012年在生产成本保持不变的情况下,由于职业经纪人的超产收益水平增加,其超产分红和实际收入迅速增长。2013—2014年超产分红趋于稳定,在相对较高的位置上分红,但还是略有上升,说明对职业经纪人"剩余"分享的激励是被接受的,而且效果令职业经纪人的收益处于稳态模式,表明了合作社机制设计对职业经纪人"剩余"分享的激励到位。

8.4.2 土地股份合作社生产补贴的职业经纪人独享

土地股份合作社根据国家"四补贴"明文规定对种粮农民直接补贴、良种补贴、农机购置补贴、农业生产资料综合补贴、政府补贴的制度规定:职业经纪人作为大型的种粮农户是"四补贴"的独享主体,有利于提高职业经纪人(农民)的粮食生产积极性,是以农业特别是以粮食生产为主要收入来源的职业经纪人(农

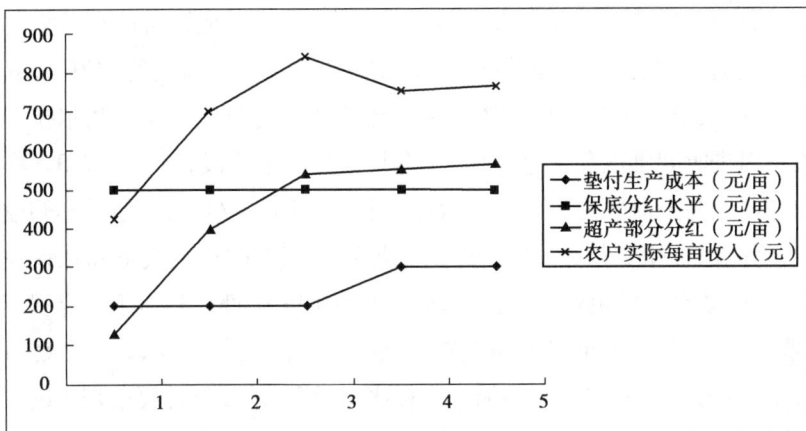

图 8-1　职业经纪人每亩土地分红折线

户)的决策行为,对收入主要来源于非农业或者非粮食产业的职业经纪人(农户)的决策行为影响较小。其他任何组织或者个体都不能分享这类补贴,补贴标准为 260 元/亩。① 因此,职业经纪人按照承包经营 100 亩土地的规模计算,就能独享 26 000 元的生产补贴。生产性专项补贴与农资综合直补比粮食直补更有成效,直补政策在提高农民种粮积极性的效果上要优于提高粮食自给率水平及提高粮食产量、生产性专项补贴在促进粮食增产方面效果较佳。这也能够达到成都市土地股份合作社的基本目的,保证粮食生产的安全和规模,充分调动职业经纪人的生产积极性。生产补贴的独享是职业经纪人规模经营土地的动力所在,政府的补贴只能由职业经纪人独享。这是从资产专用性理论中寻求答案。职业经纪人投入垫付成本资产的专用性要为防止这部分生产资本的专用性投资免受入社农户和合作社要求国家生产补贴也参与分享的机会主义侵害。没有良好的机制作保障,职业经纪人代理合作社土地的可能性会大幅度降低,经营代理土地的风险性也会大增,进而影响合作社的存在。

8.4.3　土地股份合作社生产经营额外增收的职业经纪人分享

合作社章程规定,职业经纪人必须种植一季小麦、一季水稻,只是对这两季粮食进行收益分红。但是,根据成都平原农作物生长期计算,两季农作物中间还有 1~2 个月的间歇期,在间歇期内,职业经纪人一般都种植一些短季蔬菜,以增

①作为主产水稻的平原对水稻的补贴明显高于小麦是正常的,正如中原地带小麦生产补贴远远高于水稻生产补贴。在中原地带,很多地区对水稻生产没有补贴,这是有范例的,即中原地带的棉花种植没有生产补贴,但新疆作为棉花主产区每亩生产补贴 300 元,这是政策导向所致。

加其额外收益。这是职业经纪人进行生产要素的组织、配置与盈利核算的生产经营活动。追求利润最大化的策略,既要增加农产品生产过程的增值,以获取超额收益分享,又要在超额分享外增加生产经营的额外收益。利用瓦尔拉斯序贯均衡模型引进时间维度和信息问题,并将其分为 4 个阶段,$t=0,1,2,3$。在阶段 0,职业经纪人并未对农户的分散经营作改变,所以 $U_A=L^a$,由于他并不知改变后的收入,因此他必须要花费一定的时间来计算改变中的最优决策和在该决策下的收入,这样就会造成负效用。假定期望效用的 $1-S_B$ 部分是由于计算费用而消失的,假定他每作一个正确决策的收入差距为 b_0,则他在阶段 1 的效用就是 $E_0[U_t(B)]=S_B(u_A+2b_0/3)$。遵循这个程序,能够在阶段 0 计算阶段 t 试验做第 j 个决策的期望效用 $E_0[U_t(j)]$。假设职业经纪人的决策期长度是两个阶段,因此,职业经纪人的动态规划图如图 8-2 所示。

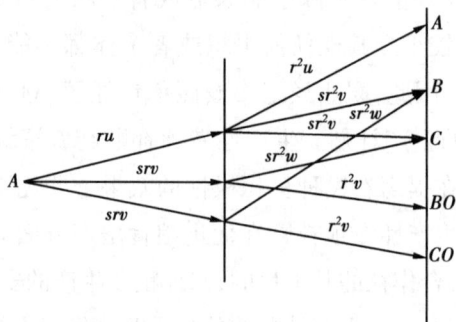

图 8-2　职业经纪人的动态规划图

A 代表不采取任何决策模式;B 代表采取管理决策模式;C 代表采取工作努力决策模式;BO,CO 分别是阶段 1 选择最优决策结果。假定该规划过程只依赖职业经纪人在阶段 0 具有的信息、贴现因子,试验效率 s_i 和 b_0,可得出最优动态决策下的预测总贴现效用为:$\mathrm{Max} \sum_{t=1}^{2} E_0[U_t(i)]$。所以:

$$E_0[U_t(A)]=u_A$$
$$E_0[U_1(B)]=S_B(u_A+2b_0/3) \tag{8.1}$$
$$E_0[U_1(C)]=S_C(u_A+2b_0/3)$$

如果在阶段 1,A 被选择,那么:

$$E_0[U_2(B)]=S_B(u_A+2b_0/3),E_0[U_2(C)]=S_C(u_A+2b_0/3) \tag{8.2}$$

如果在阶段 1,B 被选择,那么:

$$E_0[U_2(C)] = S_C(u_A + b_0) \tag{8.3}$$

如果在阶段 1，C 被选择，那么：

$$E_0[U_2(B)] = S_B(u_A + b_0)，E_0[U_2(C_0)] = E_0[U_2(B_0)] = u_A + 2b_0/3 \tag{8.4}$$

如果职业经纪人对其中 C 模式有一次试验，期望效用就从 u_A 增加到 $u_A +$ $2b_0/3$；如果对 B，C 两种模式有过两次试验，期望效用更高。最坏的条件也是至少和之前一样好，但是这一更高效率并不小。所以，当职业经纪人要想获得额外收益分享，必须采取努力经营决策，保住土地的代理权。只有增加合作社和入社农户的收益分享，自己的额外收益增加才有可能性，即 B，C 两种机制的最优化是职业经纪人最大化提升三方收益分享，实现额外收益分享的前提。

8.5　土地股份合作社收益分享的激励机制

Holmstrom 和 Milgrom 提出的多任务代理理论认为，最优契约由效率和对代理人的激励两个相互冲突的目标之间的权衡来决定，而且代理人必须承受部分风险，强调委托人的契约设计不仅要根据每个代理人行为结果，还要考虑其他代理人的行为结果，给每个代理人支付收益，如果其他代理人的行为结果包含了某个代理人行为结果的信息的话。这就要求委托人对代理人的行为进行监督、激励或惩罚，以保证代理人与委托人的目标一致。但是，监督是有成本的。只有当监督成本小于监督带来的收益时，委托人才会去实施监督。在土地股份合作社的 3 类主体中，入社农户和职业经纪人都希望从农业发展中获取更多收益，合作社组织虽然是入社农户的代表而不应有独立经济利益，但其运转需要投入，发展需要积累，也要占有一定的收益。由于收益分享关系到各类主体和成员的切身经济利益，也体现他们在土地股份合作社中的地位与权利，因此备受重视。收益分享的关键是公平与合理，公平是各主体及成员能分享到自己应有的收益，合理是各主体及成员分享的收益都有充分的理由和可靠的依据。收益的公平合理分享是一种凝聚剂，可以团结所有主体及成员共同推动土地股份合作社的健康运行和发展。所谓收益分享治理，就是要确保这种公平性和合理性。

8.5.1　土地股份合作社收益分享对农户的激励机制

入社农户通过把自己的承包地折算成股份加入合作社，委托给合作社统一安排管理，留在合作社的激励体现在基本收益分红和超额收益分红的预期与契约实施,既能解放自身劳动力,又能保留土地承包权,还能行使监督权和决策权等一系列权利。若更进一步参与合作社的管理,又能领取管理工资收入,还能更好地监督合作社发展状况,为村民服务,既有经济收入,又有心理满足。根据成都市土地股份合作社的有关章程要求,收益分享机制设计如下:农户收益500元/亩+经纪人经营超额收益的50%,入社农户对超额收益的50%非常注重,他们有动力参与到经纪人经营的监督、市场行为、关注市场价格等方面中来,使自身收益最大化。这种制度安排实际上能够有效地提升入社农户对生产经营的关注度,监督和推动合作社的日常运行,管理监督的顺利推进,其核心是为了合作社可持续发展,为入社农户土地收益权的实施奠定了保障基础。这就是为什么合作社的机制设计能够激励入社农户参与的积极性,这也是合作社机制的一个优势。用弗鲁姆的期望理论能够解释为什么合作社的收益分享能够对农户产生激励,入社农户默认收益分享机制的结果就是为了使合作社更好地为入社农户服务,保护入社农户的收益分享能够得到落实,其价值和可能性结果比农户单打独斗要高得多。4年的运行结果发现:土地股份合作社收益分享对农户的激励能够达到预期,而且得到了很好的贯彻执行,使合作社的数量迅速增加。

8.5.2　土地股份合作社收益分享对自身发展的激励机制

合作社主体的收益计算:(800斤水稻/亩/年+650斤小麦/亩/年−510元生产成本/亩)乘以市场价,再乘以10%。根据这个分享比例,成都市农村股份合作社得以良性发展还在于成都市探索出了一套以业务计划和预算管理为主要管理工具的企业化收益预算机制,采取结果量化、以终为始、目标倒逼的方式让土地股份合作经营收入最大化,让土地股份合作经营成本最小化。其中,有3种激励方式实现合作社发展:一是管理激励,体现在合作社对入社农户的管理,保证入社农户的各项权益;组织社员大会,保证合作社重大决策事项在机制框架内推进;聘请合格的职业经纪人代理合作社的土地经营权,监督职业经纪人按照相关合作经营农业生产。二是运行激励表现为合作社发展的顺利程度,是否存在大面积农户退社,在农业经营生产的服务等方面,这些运行激励是否得当,直接关系着合作社的声誉与存亡,也关系着合作社间接剩余分享。三是壮大激励着眼于合作社未来发展走向,是否能够发展的顺利,在业界的口碑、政府的评价和补贴的兑现等方面,促使成都市土地股份合作社想方设法地发展自己,同时也能实现合作社的收益增加。上述3种激励在本质上是为行政村干部考核政绩服务,即合作社发展的好坏是判断行政村干部行政作为的重要标准,这使得合作社的管理者(主要是村干部)千方百计地维持着低收益,却做着大量为入社农户和职业经纪人收益分享服务的工作。县(区、市)乡(镇)政府都指导入社农民按严格的程序民主选举董事会、监事会成员,建立具有合法性、权威性的领导机构,对土地股份合作社发展的经验及时总结、迅速推广,对发展中存在的问题及时发现、迅速纠正。将土地股份合作社的指导纳入地方政府农业和农村发展管理,有专门的机构和人员负责。同时,为方便土地股份合作社的生产经营,地方政府给予其事业法人地位,指导其取得法人资格,并在市场准入、税收优惠等方面给予扶持,是理解合作社对自身激励的核心所在。

8.5.3 土地股份合作社收益分享对职业经纪人的激励机制

根据合作社章程规定经纪人的总收益是:总收入-500元/亩农户基本收益-510元/亩生产成本-超额收益的50%+政府生产补贴独享。这3部分收益分享中,超产收益分享并不能构成职业经纪人的收益主体,主要是与入社农户分享,而政府生产补贴是职业经纪人激励的一个重要组成部分,加上职业经纪人可以利用间歇期从事短期经济作物种植收益独享,极大地提高了职业经纪人对这种分享激励机制的预期效益。即使农业是自然风险和市场风险,职业经纪人在农业生产环节的收益往往有一定的不确定性,但是在风调雨顺的年份,由于职业经纪人是在制订好整年生产计划并提交土地股份合作社交由社员大会表决通过才进行生产组织,职业经纪人非常清楚自己所管理和经营的土地的大概产出规模和效益,因此职业经纪人获取的收益是可以预期的,遇上自然灾害的概率相对较小。又因为职业经纪人获取的土地收益与土地的实际产出挂钩,加上粮食生产损失与收益比1:1是正常值,即1年的正常收益能够弥补1年的自然灾害,而灾害年的概率远远小于正常年的概率,所以职业经纪人对代理合作社的土地经营比较热衷。合作社创新的机制通过对职业经纪人生产经营的激励,对技术应用提产超产收益的激励和现代农业发展可以带来超额收益的激励促使了职业经纪人有动力经营好代理的合作社土地。

假定合作社和职业经纪人都是风险中性或风险规避者,设职业经纪人的工作质量 e 满足 $0 \leqslant e \leqslant 1$,职业经纪人的成本付出 $C=C(e)$ 满足 $C'(e)>0, C''(e)>0$,职业经纪人经营土地的收益函数 $\pi(e)$ 满足 $\pi'(e)>0, \pi''(e)<0$。在合作社难以监控职业经纪人工作质量的情况下,假设职业经纪人与合作社商定将盈余 $\gamma(0<\gamma<1)$ 的比例分配给合作社,于是有 $\max(1-\gamma)\pi(e)-c(e)(0 \leqslant e \leqslant 1)$,设其最优解为 e^*,则有 $(1-\gamma)\pi'(e^*)=C'(e^*)$,由此得:

$$\pi'(e^*)>C'(e^*) \tag{8.5}$$

现假定职业经纪人给合作社 $\gamma\pi(e^*)$ 的固定回报,则有 $\max\pi(e)-\gamma\pi(e^*)-C$ $(e)(0\leqslant e\leqslant1)$,设其最优解为 e^{**},则有 $\pi'(e^{**})=C'(e^{**})$ (8.6)

由 $\pi(e)$,$C(e)$ 的性质,得 $e^{**}>e^*$,这表明最有效率的分配机制需要对职业经纪人制定一个保底的激励。

总之,对成都市土地股份合作社收益分享进行了分类治理,即不同来源的收益应有不同的分享方式。按谁贡献谁分享的原则,入社农户为生产经营提供了土地,合作社组织为生产经营提供了组织管理,职业经纪人完成了生产经营活动,生产经营收益应当在这3类主体及成员间分享,而农业基础设施建设补贴应由合作社组织专款专用。政府奖励给合作社组织的钱物应作为公产,其收益应在入社农户与合作社组织间分享,而政府奖励给职业经纪人的钱物应由其分享,社会捐赠的钱物可按政府奖励的办法分享。如此分类治理,不同来源收益的分享主体便被明确,某些来源的收益分享办法也被确定。由于这3类主体对生产经营收益获取的贡献在不同的方面,他们的贡献大小不便直接比较,也就难以以此为据对这一收益进行分享。在这种情况下,就需要寻求既有客观依据,又可被三大主体及成员接受,还较为简便的办法,对生产经营收益进行分享。对于不同的主体及成员,他们对生产经营收益分享的依据和可接受程度的衡量是有差异的。入社农户分享生产经营收益是以自己生产经营的收益水平为参照的,不低于这一水平就是可接受的,超过越多便越满意。合作社组织分享生产经营收益是以维持其运行管理基本消耗和积累需求为参照,能满足这一需求便可接受。职业经纪人分享生产经营收益是以从事其生产经营的收益为参照。如果生产经营收益与补贴收益之和不低于参照便是可接受的。按这一思路分享生产经营收益,易于达到公平合理。土地股份合作社收益分享方式治理可以说是大获成功,这也是本书研究该课题的重要动力所在。

第 9 章　研究的主要结论和有待研究的问题

9.1　研究结论

在新形势下,如何在稳定农村集体土地家庭承包制度、有效保护农民土地权益的条件下,充分而有效地利用农村土地资源(特别是耕地资源),促进现代农业发展,提高农业效益,增加农民收入,保证国家粮食安全,是农业发展必须解决的重大问题。成都市对近年创建的土地股份合作社的内部治理进行了大胆试验,取得了一定的突破,也取得了初步成效。本书通过对成都市土地股份合作社运行的调查与分析,探索这一新型农业经济组织的内部治理问题。研究的科学问题是:土地股份合作社内部治理的内容是什么? 哪些内容是重点? 治理的主体是谁? 客体又是谁? 内部治理的手段是什么? 如何应用这些手段? 不同内容的治理机制是什么? 这些机制如何发挥作用? 通过这些研究,解决土地股份合作社内部治理应当治理什么,由谁治理,用什么方法治理,不同治理内容的机制如何构建及作用发挥等问题。探索其内部治理的规律,为完善其内部治理提供借鉴。

本书通过对成都市从事粮油生产土地股份合作社内部治理的研究,得出以下 5 个方面的结论:

①土地股份合作社是农民对土地制度的自主创新。成都市土地股份合作社是在新形势下,农民为保护土地权益、发展农业生产、增加农业收益,经多年探索选择土地制度创新模式。于 2010 年开始创建的这一新型合作经济的组织,不同于先后出现过"公司+农户"的产业化经营模式,社区合作社的生产及营销合作

模式,专业合作社的技术与营销合作模式,承包地经营权向工商企业或农业大户流转模式,成都市农民采用了股份合作的方式对土地制度进行多维度创新。这一组织由农民自主组建、自主管理、自主推动其发展,具有广泛而深厚的群众基础。入社农户当家做主决定了内部治理的内容、主体、客体、手段及应建立的治理机制。这一新型组织的股份合作性质决定其内部治理应当治理什么,由谁治理,用什么方法治理,不同治理内容的机制。其建立和运行以入社农户为主体,自主建立合作社领导机构,民主选举领导人,自主制定合作社章程及执行机制,自主决定土地合规利用的方式并实施监督管理,自主决定合作社收益分配方式和其他权益分享方式等,使入社农户具有相对独立的法人地位。

土地股份合作社以农户承包地经营权作为资产入股组建,既未改变农村土地的集体所有权,又未改变农户对集体土地的承包权,是对农村集体土地家庭承包经营制的深化和完善,也是对农村土地制度在新形势下的再创新,得到政府认同和社会认可。虽然离不开政府的指导、支持,但其组建、管理、生产经营都由自己作出决策并实施,不受政府及其部门支配和干涉,由入社农户协商确定。土地股份合作社只接受承包地使用权入股的农户,不接受以其他资产入股的非农主体,将农业发展和获利机会留给农民。其生产经营自负盈亏,盈利在入社农户间分红,亏损在入社农户间分担,使其成为农民自己的新型农业生产经营合作组织。

②土地股份合作社权益制衡治理机制的完善是制度创新的保障。土地股份合作社既是制度创新的产物,又是制度创新的组织平台。在这个组织体系中,各成员都有各自的权益与诉求,且其权益和诉求在某些方面一致,在某些方面相悖。作为制度创新平台的土地股份合作社,为保障和增进农民合法权益、兼顾和协调各成员在制度创新中的权益与诉求,最好的办法是在入社农户之间,入社农户与合作社及经纪人之间,合作社与经纪人之间形成双向的权益制衡机制,才能有效保障制度创新的实现。通过农户自愿入社和自由退社,入社农户参与管理和决策,重大事项由入社农户共同决定等,达到入社农户对合作社和生产经营者的制衡。通过入社农户平等参与合作社的管理决策,重大事项民主协商及多数同意,重大问题投票表决等,达到入社农户的相互制衡。通过合作社规制的建立和实施,达到合作社对入社农户不同诉求的制衡。通过合约的签订和遵守,达到合作社与生产经营者的相互制衡。正是这些制衡,才使相关主体的土地权益得到保障和协调,并促进其有效运行与发展,充分达到了还权于民理论的效果。

③土地股份合作社的农地经营权治理显著改善了农地利用和农业发展的态势。土地股份合作社通过农户承包地经营权自愿入股,将分散在农户手中的农地高效率低成本积聚,实现合作社对成规模农地经营权的代理,再通过农地使用和土地分红条件设置将农地经营权委托给经纪人代理行使。经纪人在代理条件约束下,为兑现入社农户的土地分红,获取自身盈利,只有充分利用合作社委托经营的土地以增加农产量,只有充分利用先进技术以提高土地产出率、劳动生产率和农产品品质,只有利用现代生产手段、方法和先进的管理增加产出、降低生产成本,从而有效避免了农地的撂荒和粗放、经营也改变了农业因农民离农弃农、成本高效益低的不利局面。20 世纪 80 年代中期至 90 年代,为解决无力耕种或不愿耕种的农户将承包地全部或部分转让给其他农户耕种的困难,探索了"公司+农户"产业化模式,这种土地治理机制创新发挥了一定作用,但公司与农户的利益关系不易协调,其局限性越来越突出。进入21 世纪,特别是 2004 年取消农业税及附着在承包地上的多种费用和提留后,土地规模性流转空前活跃。但因流转期较长、流转租金高,导致离农离粮倾向严重。农民为了保护自己的土地权益,不断探索农地制度创新模式,成都市土地股份合作社就是这一探索的成果。它从制度层面解决农民离农带来的耕地撂荒、粗放经营、甚至毁损的问题,在保障农民土地权益(土地承包权、承包地经营权、收益权等)和自愿互利的基础上,采用一种便捷而低成本的途径,将农户自己不愿耕的地或无力耕种的承包地集中起来,委托给合作社,再由合作社委托给经纪人,农户获得入股土地收益的分红。这有利于解决农业发展分散经营的高成本、低收益问题,把土地成规模集中,为现代农业发展奠定基础,实现新的质变。

自第一个土地股份合作社 2010 年在崇州市隆兴镇黎坝村 15 村民组产生以来,首先在崇州得到了较快发展。2011—2014 年,成都市土地股份合作社由 661个增加到 1 297 个,增加了 96.22%,入社农户增加了 169.00%,入社土地面积增加了 168.56%。截至 2014 年年底,成都市组建了 1 297 个具有适度规模的农业生产经营新主体(合作社),复种指数也恢复到 200%。2011—2014 年的小麦亩产比农户分散生产的 2010 年分别提高 53.57%,71%,62%,69.71%,水稻亩产分别提高 48.25%,63.75%,61.25%,63.12%,入社农户每亩土地分红分别提高 79.24%,107.81%,110.19%,112.72%。成都市土地股份合作社实际运行 4 年来,无论是对区域社会的发展贡献,还是合作社运行、经纪人收入、农户收益等都达到了初步目标,成效已经显现出来,也产生了一定的示范效应,加入合作社的农户也越来越多,成为一种农民自愿合作的典范。

④土地股份合作社的双重委托—代理机制有效改进了农业生产方式。土地股份合作社创建的农户与合作社,合作社与经纪人在土地使用权上的双重委托代理关系,第一重是农户与合作社的土地使用权委托—代理,第二重是合作社与生产经营者(经纪人)的土地使用权委托—代理。通过土地经营权在农户与合作社、合作社与经纪人之间的双重委托—代理,实现了农业由自给、半自给生产向商品生产转变,由农户分散小而全生产通过合作社向经纪人的规模化、专业化经营转变,由主要依靠传统技术和手段生产向主要依靠现代科学技术、现代设施设备、现代生产工具和手段转变。这些转变不仅创新了农业组织方式,培育了新的农业生产经营主体,还有力促进了农业生产经营方式由传统向现代化的转型,同时推动了农业资源(特别是耕地资源)的优化配置和有效利用。农户与合作社的土地使用权委托—代理,农户是委托人,合作社是代理人。入社农户将承包地使用权以入股的方式委托给土地股份合作社,而土地股份合作社以农民合作经济组织的身份代理入社农户的土地使用权。在这一过程中,入社农户在一定分红要求下向土地股份合作社让渡土地使用权,而土地股份合作社在满足农户分红要求下获得农户的土地使用权。入社农户不再自己经营承包土地,其承包地的生产经营由土地股份合作社承担,农业生产由家庭经营模式转变为合作社经营模式。

土地股份合作社与生产经营者(经纪人)的委托—代理,土地股份合作社是委托人,生产经营者是代理人。合作社将集中起来的入社土地的使用权在一定的条件要求下(土地使用范围及方向、土地分红标准、公积金标准等)委托给生产经营者(经纪人),而生产经营者在满足合作社要求的条件下获得土地使用权,代理合作社对土地进行生产经营。作为代理人的生产经营者,由合作社经过规范程序和严格条件招聘选择,一般由某一入社农户充任,少数合作社土地的生产经营者也由社外农户或企业业主充任。在这一委托—代理关系中,土地股份合作社主要负责管理监督,生产经营者主要进行生产经营活动并充分兑现合作社土地使用权委托的条件要求。农户将承包土地使用权作为资本入股,不仅使农民将承包的土地由生产资源转化为生财资本,而且还可以将其投资获取可预期的收益,这不仅有益于农户,而且对于农业、农村资源的有效利用,促进农业、农村的可持续发展具有重要的意义。

⑤土地股份合作社内部治理的重点是农民土地权益保护。农户加入土地股份合作社最直接的目的是土地权益的实现和保护,只有满足农户的这一要求,合作社才可能建立和运行并进行治理机制创新。农民的土地权益主要是使用权和收益权,他们的土地使用权折股入社后体现为对土地使用和保护的管理权及监督权、土地收益的分享权、农业发展利益的分享权。土地股份合作社的土地使用权双重委托—代理机制实施,农业生产组织方式变革与新型农业生产经营主体培育,农业生产经营方式转型等,都要以入社农户充分合理分享土地权益为前提。缺乏这一前提,任何创新都难以实现,应当将其作为内部治理的重点。成都市发展土地股份合作社的主要目的就是维护农户土地的基本权利,增加农民土地收益,这要求土地股份合作社内部治理应将入社农户的收益放在首位。入社农户的土地权益保护首先应保护其对入社土地的使用、保全的管理权和监督权;其次是保护其对入社土地收益的基本分享不少于自己经营的盈利;再次是保护其土地增加收益的分享不得少于一定比例(目前为 50%),由此激励更多的农户加入土地股份合作社,同时激励已入社农户主动积极参与合作社的管理,推动合作社发展壮大。

9.2　创新之处

通过对成都市土地股份合作社的研究,本书可能的创新之处主要有 3 点。

①明确提出了土地股份合作社内部治理的 4 大重点内容和 3 种主要手段。

研究发现,主体权益关系治理、农业发展治理、生产经营治理、收益分享治理是土地股份合作社内部治理的 4 大关键领域和重点内容,而规制管控、民主协商、利益诱导是土地股份合作社内部治理的主要手段。解决了 4 大关键领域和重点内容的治理问题,就清除了土地股份合作社正常运行和健康发展的主要障碍。采用 3 种治理手段会使土地股份合作社的内部治理更为有效。

②论证了土地使用权双重委托—代理是土地股份合作社生产经营治理的有效模式。

研究证明,农户承包地使用权委托给土地股份合作社代理、土地股份合作社土地使用权委托给职业经纪人代理的双重委托—代理模式,实现了农户土地承包权与使用权的分离,土地资源向土地资产的转变,农地分散低效利用向集中高效利用的转变,农地随意利用向依规利用的转变。第三方(职业经纪人)的引入又使土地产出率和劳动生产率显著提高,农业效益增加及竞争力增强,主动按照市场需求"订单式"生产,如富硒水稻,推动了农业商品化生产和市场化经营。大规模种植且附加值显著增加,主动采用先进的优良品种和栽培技术,使自身代理的 100 亩土地都显著提高了经济效益。每年每公顷土地的产量比入社前增加了 1.43 吨,而且也在促进农业生产组织方式变革、新型农业生产经营主体培育等方面发挥了不可替代的作用,是土地股份合作社生产经营治理的有效模式。

③揭示了土地股份合作社促进农业发展的内在机理。

研究表明,土地股份合作社通过农户自愿入社,将分散的农地集中连片,为规模化、专业化生产创造了基本条件。通过土地使用权的双重委托—代理,推动了农业生产组织的变革和农业生产经营方式的转型,促进了农业生产的组织化和现代化。通过对职业经纪人的责任约束和利益诱导,促进了先进农业技术和生产手段的应用,也促进了农业效率和效益的提高。正是利用这些机理加强治理,才使土地股份合作社农业发展和转型由可能变为现实。

9.3　有待进一步研究的问题

由于研究目标和内容的限制,土地股份合作社制度创新还有一些重要问题没有在书中涉及或展开,需要进一步研究。

①本书的研究是以成都市郊(区县)土地股份合作社为对象的,研究结论也是以此为基础得出的。而成都市郊经济社会发展水平和农业生产条件要优于其他农区,成都市土地股份合作社内部治理的方式、内容、手段是否适合其他农区,需要进行对比研究,使土地股份合作社在更大范围内发挥作用。

②土地股份合作社的建立和发展,需要有较好的农业基础设施条件。较为完善的农业生产服务体系,更需要一批组织管理人才和生产经营人才。其内部治理中的农业基础设施如何构建,农业生产服务体系如何建设,相关人才如何培养和使用,都需要专门研究和解决。

③成都市土地股份合作社发展时间尚短,部分合作社规制建设不完善,实施不严格,存在一定的问题和风险,如行政村、村民组干部任合作社董事长、监事长、经纪人或几个角色一人担任,合作社的提留公积金使用缺乏监管,这些都是

内部治理需要认真研究和解决的问题。

9.4　对策建议

无论制度多么完善,它都可能存在漏洞,特别是在执行机制层面,而成都市土地股份合作社的内部治理机制就是制度设计的第三个层面,即执行机制,在该机制的执行过程中,至少存在着村干部兼任、经纪人的素质不高、选拔考核不严格与培育不到位的情况、合作社收益的未来用途等。因此,针对这些当前急需解决的情况,我们提出了几点建议。

①进一步解决双重委托代理中土地股份合作社内部治理的主体、客体关系交叉问题。应该明确规定合作社管理机构的董事长或者监事长由村干部兼任的职责、权限、义务。建议村干部兼任董事长或者监事长,只能是副职且规定其管理决策权的大小及投票权重,正职应由入社社员兼任且增加管理决策的投票权重,这会在相当程度上对权益制衡起到真正的作用,且对不称职的董事长和监事长制定弹劾程序。特别要强调村干部的履职行为,应该重点设计,最终由社员大会随时更换。因现实条件所限,允许村干部在合作社发展初期兼任经纪人角色,但需要明确规定其年限,或者代理土地的数量为普通农户兼任经纪人的1/3。当合作社经济总收益到达几百万元,或者合作社发展为2个需要合并时,合作社章程应该明确规定村干部不能兼任经纪人角色。

②大力培育成都市土地股份合作社后续发展的人才培养瓶颈。本书倡导罗虚代尔公平先锋社重视入社农户、职业经纪人和合作社管理人员的继续教育与培养问题,专门建立农业发展和合作社经营的继续教育学校,并将图书馆作为学校建设的主要内容和教育中心,可以利用农户、职业经纪人与合作社管理人员的闲暇时间,如冬季、雨季、农忙空闲等加大对入社农户、职业经纪人、合作社管理人员的教育投入专项资金,使土地股份合作社的继续教育或职业教育投入可以随着盈利额的增长而增长。同时,政府可以考虑为此提供继续教育或职业教育智库,把培训机构设立在田间地头,为合作社的后续发展提供各类后备人才的存量,特别是职业经纪人的市场意识、生产经营能力、市场营销能力等关系到合作社发展的重要环节。

③进一步提高经纪人的素质,严格选拔与考核职业经纪人的程序。在成都

市土地股份合作社成立初期,职业经纪人都是在入社农户中产生,在有限的资源储备中,只能采取次优方案,从中选拔的职业经纪人生产经营等方面的素质并不是最好的,而且程序不严格,其中有不少是村干部,对其考核程序也不严格,基本上是按照分红结果基本满意就行来处理的。这就需要扩大职业经纪人的招聘范围,特别是入社农户中外流的资源部分,甚至可以不限定在入社农户范围内,而是面向社会。只要治理结构和机制完整,能够保证入社农户、合作社和职业经纪人三方利益,都应该是职业经纪人招聘的条件,进而严格选拔和考核职业经纪人的各类规章制度。从现在做起,补充和完善内部治理机制中的缺陷或者不完善的环节,为合作社的可持续发展做好制度保障。

④提前思考和规划土地股份合作社提留收益的未来归属与划分。成都市土地股份合作社保留了10%的土地产出收益作提留,加上政府补贴会积累成一个不小的金库。因为合作社是入社农户全体的公共资产,所以合作社的提留收益和政府补贴收益剩余应该由全体社员分享,对于合作社的章程应该进行完善。除了预留一定比例的应急储备外,当年就与全体社员分享,不偏不倚,按股折算,或者用于农户的继续教育投资,为合作社发展提供人才储备。这在合作社内部治理机制中还没有明确的规定,即便目前不是隐患所在,如果一旦它的额度引起了治理主体的注意,就会是一个机制缺陷。因此,应该提前考虑该收益未来的分配与使用,特别是合作社发展到10年周期的时候,它相对比较成熟且合作社机构的收益积累会出现不小盈余之时,就是机制执行之时。那么,机制的设计应提前规划,此时正需要考虑这一点。

⑤尝试推广成都市土地股份合作社经验。对全国而言,但凡与成都市土地股份合作社的地理条件、自然环境等相似的北方广大平原地带,都可借鉴成都市的经验,开辟试验区,从理论上判断它的普适性应该比较强。本研究坚信这一点是可以得到推广的。

总之,成都市作为第一个粮食生产土地股份合作社,如同凤阳县小岗村的家庭联产承包责任制的试验一样,在内部治理机制上的创新也是从一个很小的地域开始,而且当时只有18人开了先河,取得了巨大的成绩。成都市土地股份合作社的内部治理机制创新为现代化的粮油生产提供了非常好的研究范本,该范本应该会成为未来研究合作社发展的起点和重心,是中国农业经济科学等经济学领域的研究者们一个不错的研究对象,未来的发展空间非常巨大。

参考文献

CANKAO WENXIAN

[1] 罗必良.农业经营制度的理论轨迹及其方向创新:川省个案[J].改革,2014(2).

[2] 解安,黄羽新.南平机制:一种有效解决"三农"问题的政府规制[J].中共中央党校学报,2010(2).

[3] 温铁军.土地制度变革须审慎[J].财经界,2014(9).

[4] 陈锡文.农村土地制度改革的重点与路径[J].国土资源,2014(8).

[5] 刘茂松.怎样创建新型农业经营体系土地流转机制[J].中国乡村发现,2014(3).

[6] 刘淑俊,张蕾.土地流转对农民收入影响的经济效应分析[J].东北农业大学学报:社会科学版,2014(6).

[7] 韩俊.把农村土地制度改革纳入法制化轨道[J].中国党政干部论坛,2014(9).

[8] 曾艳,杨钢桥,吴诗嫚.农地整理的委托代理关系研究[J].中国人口·资源与环境,2015(1).

[9] 李志方,陈通.农业标准化推广的合作社核心成员激励机制研究——基于双重多任务委托代理模型的分析[J].经济经纬,2015(1).

[10] 郑华伟,刘友兆.农村土地整治项目委托代理关系的经济学分析[J].南京农业大学学报:社会科学版,2014(3).